¿QUÉ COMUNICAS CON TU VIDA?

Preparado especialmente

para uso en Clases de la Biblia

para Damas

Por

SANDRA HUMPHREY

Traducción de

Catherine Rall

Christian Communications
P.O. Box 150
Nashville, TN 37202

1

¿QUÉ COMUNICAS CON TU VIDA?

CONTENIDO

¿QUÉ COMUNICAS CON TU VIDA?

Introducción

Este estimulante estudio de 13 lecciones para mujeres está basado en el mandato de Pablo en *I Timoteo 6:18*, de estar dispuestas para "hacer todo bien"; o sea, de compartir de cualquier manera posible por medio de la comunicación. Aunque el curso incorpora principios modernos de la comunicación, su énfasis principal es lo que dice la Biblia respecto a la comunicación; y el texto incluye mucho de las Sagradas Escrituras. Si los aplicamos y estudiamos conscientemente, estos principios podrán reanimar la vida de los miembros de las congregaciones.

Las mujeres de hoy están demasiado ocupadas como para justificar una clase para damas, simplemente con el fin de tener una reunión social. Sienten que deben usar su vida para mejorarse en una forma significativa. Por esta razón, el material está organizado para que puedan utilizar el método de "Diálogo en Grupo".

Cada una de las 13 lecciones contiene varias páginas de citas y comentarios sobre algún aspecto de la comunicación femenina. Después de cada capítulo hay preguntas formuladas para ser analizadas en grupos pequeños. El material puede ser estudiado en casa o presentado en una clase. Pero es importante que las citas relacionadas sean leídas de la Biblia para producir un diálogo basado en la verdad.

La discusión en grupo acerca de conceptos y valores ha demostrado ser más eficaz que simplemente escuchar una conferencia referente al cambio de actitudes y creencias de los miembros del grupo, sin importar la efectividad y los conocimientos del conferenciante. En otras palabras, las damas de una clase de estudio bíblico que participan activamente en el diálogo del cristianismo y sus aplicaciones en la vida diaria, estarán más propensas a desarrollar un mayor crecimiento espiritual en grupo que en una conferencia a la que sólo atenderían semana tras semana.

La discusión en grupo también produce más interés, mejor sentido de entrega y menos resistencia que el mero hecho de escuchar pasivamente. Compartiendo ideas y experiencias, las mujeres de la congregación pueden crecer más unidas, a la vez, estarán aprendiendo a usar métodos de discusión para sus propias experiencias de enseñanza...por ejemplo, una clase para niños, o estudios de la Biblia con los vecinos. Sin embargo, es importante que se le de prioridad a las cuestiones personales de los miembros del grupo haciendo buen uso del tiempo y no entrando en generalidades que son tan comunes en grupos grandes. Mas adelante se incluyen guías de cómo organizar un grupo de discusión, en forma contínua y exitosa.

> *''Y renovaos en el espíritu de vuestra mente...Por lo cual, desechando la mentira, hablad verdad cada uno con su prójimo; porque somos miembros los unos de los otros...Ninguna palabra corrompida salga de vuestra boca, sino la que sea buena para la necesaria edificación, a fin de dar gracia a los oyentes''*(Efesios 4:23, 25, 29).

EL DIÁLOGO DE GRUPO

Guía para Diálogo en Grupo.

1. Cada grupo debe estar formado de 6 a 12 personas. Para que haya una buena mezcla de personas de distintas edades e intereses, los integrantes pueden ser enumerados y luego ser agrupados en "pares" e "impares". Ofrézcale a la visitante la oportunidad de quedarse con la amiga que la trajo al grupo.
2. El sentarse en un círculo facilitará la conversación si las sillas pueden colocarse frente a frente. Si utilizan las bancas en el templo, use dos; las personas de la primera banca deben quedar cara a cara con las de la segunda. Otro método sería reunirse en otros salones de clases de la iglesia.
3. Al empezar, asegúrese de que todas se conozcan por lo menos de nombre, y por medio de algún detalle interesante de cada una (hobby, postre favorito, estado civil, etc.). Se usará este método al comienzo de cada sesión hasta que todas se sientan a gusto en el grupo.
4. Para mantener activa la conversación seleccione una líder del grupo. (Puede ser fija, o cambiada cada semana). Lo ideal es que la líder hable menos que las demás. Su tarea principal es la de mantener productiva la discusión mediante preguntas animosas. La líder no necesita hacer ningún comentario después de cada contribución.
5. Trate de limitar las contribuciones largas para incluir a los miembros tímidos. Por ejemplo, cuando una persona hace un comentario, la líder puede intervenir con: "¡Muy buen comentario! María, ¿qué opinas tú de esto?" También es bueno si la líder al formular la pregunta, se dirige a las que no han dicho mucho en vez de mirar a las que hablan fácilmente.
6. Escuche más con el "corazón" que con los oídos. Trate de distinguir los problemas disfrazados. Por ejemplo: "Yo tengo una amiga..." puede tratarse en verdad de ella misma.

7. Aproveche únicamente las preguntas que tienen interés para su grupo o formule sus propias preguntas. El propósito de las preguntas es el de compartir en grupo sus problemas y llegar a alguna solución. No es solamente para completar las tareas de la lista asignada o para matar el tiempo.

8. Haga algo más que discutir problemas. Busque respuestas antes de seguir a la próxima pregunta.

9. Si piensa que el grupo está en un campo dudoso bíblicamente, insinúe esta pregunta: "¿Puedes pensar en una cita bíblica que se pueda aplicar aquí?"

10. Probablemente es mejor seguir con los mismos grupos que rotar a las personas de semana en semana. Así mejorará el diálogo mientras se conozcan y se entiendan mejor.

11. Si hay tiempo, reserve unos 10 minutos al terminar cada clase para que todos los grupos se reúnan a resumir sus diálogos. Esto no solamente ayuda a reforzar lo que se acaba de concluir, sino que también tiene la ventaja de motivar a los otros grupos a que piensen más a fondo sobre el tema.

Capítulo 1

¿TE ESTÁS COMUNICANDO?

Una esposa deprimida suelta todas sus aflicciones. El esposo responde con un simple gruñido y voltea la hoja del periódico.

Una madre frustrada trata de razonar con su rebelde adolescente. Ella se pregunta: "¿Por qué no puedo hablar con él?"

Una maestra desanimada presenta una lección de la Biblia a un grupo de niños inquietos y distraídos.

El solo hecho de que dos personas pueden hablar el mismo idioma y aun fallar completamente en su comunicación es una idea bastante nueva. Pero las pruebas son abundantes. Matrimonios infelices, adolescentes que huyen del hogar, amistades quebrantadas y congregaciones divididas prueban la realidad de este problema.

Aunque nada es más fácil que **hablar,** tal vez no haya nada más difícil que **comunicar.** Suena atrevido, pero hasta podría afirmarse que el éxito de la comunicación de una persona determina su éxito como cristiano. Jesús dijo:

> ''*Porque por tus palabras serás justificado, y por tus palabras serás condenado''.* (Mateo 12:37)

> Y Santiago concluyó:. . .''*Si alguno no ofende en palabra, éste es varón perfecto''.* (Santiago 3:26)

Aunque el tiempo de la clase bíblica es demasiado importante para gastarlo en un solo tema, **simplemente** porque es de actualidad o interesante, así también lo es el tema de la comunicación ya que tiene un sentido bíblico. *Hebreos 13:16* nos insta: "*De hacer bien y de la ayuda mutua no os olvidéis*". *I Timoteo 6:18* nos insta a ser "*ricos en buenas obras, dadivosos, generosos*".

Para mejor entender esta ayuda mutua y buena obra de la comunicación, las cuales serán la base principal de las siguientes lecciones de esta serie, empecemos determinando qué constituye la "comunicación" y luego consideremos brevemente las investigaciones de hoy en día en este campo.

EN AMBAS DIRECCIONES

La palabra comunicación proviene de la palabra latina "communis". Comunión también viene de esta palabra y se refiere a "algo en común entre dos personas". Entonces, el simple hecho de hablar se convierte en una via de comunicación, solamente cuando el mensaje "enviado" por una persona es "recibido" por la otra, entonces hay una reacción. La que envía y la que recibe deben compartir un entendimiento mutuo del mensaje. Por ejemplo, una esposa puede hablarle a su esposo mientras éste mira la Copa Mundial, ¡y problamente no comunicó ni una palabra!

¿DÍGAME?

El término que se utiliza para saber si el mensaje es comprendido se conoce como "retroalimentacion". Es simplemente la respuesta de la persona que está escuchando. En *Filipenses 4:15* nos damos cuenta de que la comunicación puede ser definda como "dar y recibir". Y este doble proceso es esencial para la buena comunicación.

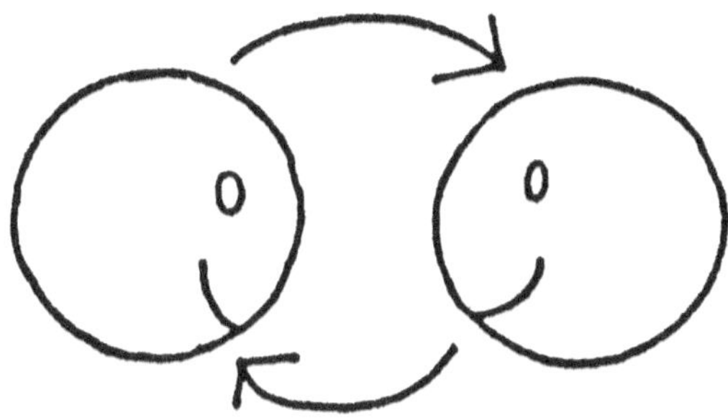

RETROALIMENTACIÓN

Cuando Jesús le enseñó a Nicodemo que tenía que "nacer de nuevo" (Juan 3:1-5), su lección podría haber sido en vano si no hubiera permitido "la reacción recíproca" de Nicodemo en la forma de la pregunta: "*¿Cómo puede un hombre entrar en el vientre de su madre de nuevo?*" Esa pregunta hizo posible que Jesús identificara la confusión de Nicodemo y así poder corregirlo. Claro, Jesús en verdad no necesitaba ayuda para saber lo que pensaba Nicodemo. Pero nosotras sí la necesitamos en nuestra comunicación.

¿ACASO ESTÁ ESCUCHANDO ALGUIEN?

Muy parecido al concepto de la reacción recíproca, viene siendo el casi extinguido arte de escuchar. El Dr. Karl Menninger describe el hecho de escuchar como una "fuerza creativa" poderosa porque

"La persona (a quien estoy escuchando) está mostrándome su alma. Ahora no es nada más que un poco de palabras secas y breves. Pero pronto comenzará a pensar. Entonces revelará su verdadero ser, y entonces estará vivo para mí".

Por medio de escuchar sin egoísmo, tú puedes ayudar a liberar la verdadera y bella persona que hay en cada individuo que encuentras. El niño llorón que está jalando tu falda, el adolescente rebelde y el esposo infiel están compartiendo el mismo clamor: "¿Haces caso de mí?" Esto implica entregar algo de valor como nuestro tiempo o nuestra preocupación con nosotras mismas. Mucha gente llevó a Cristo sus problemas, pero nunca leemos que Él haya respondido así: "Sí, yo tuve un problema parecido. Déjame contártelo. . ."

La palabra "yo" se usa 19 veces más que cualquier otra palabra. Es muy difícil para nosotras aprender a callarnos y a escuchar con todo el alma a otra persona. Pero *Santiago (1:19)* nos aconseja ser *"prontos para oír, tardos para hablar".* ¿Cómo será posible "sobrellevar los unos las cargas de los otros" (Gálatas 6:2) si no escuchamos lo suficiente para saber cuáles son las cargas de nuestros hermanos?

Una de las teorías rogerianas de la comunicación dice que antes de que yo pueda decir lo que yo quiero, necesito repetir en alguna forma lo que tú dijiste. Usamos este método a menudo cuando obligamos a nuestros niños a repetir nuestras instrucciones: "A ver, ¿qué es lo que te dije?" Además, ¡piensa en las ventajas de la aplicación de esta regla sencilla a los mal entendimientos o discusiones religiosas! ¡De veras nos puede ayudar mucho el aprender a escuchar!

SEGUIR SUS PASOS

La comunicación eficaz implica que necesito caminar en tu camino, o "ponerme en tus zapatos" (Ver Mateo 7:12). El sentido está en **la persona** y no en **las palabras.** Para mí, la hierba es esa cosa verde alrededor de mi casa. Pero al estudiante, la hierba tal vez signifique algo muy diferente. Debido a que dos personas no tienen el mismo origen, hay palabras que aunque son las mismas, pueden tener un significado distinto. Por ejemplo, cuando dices "estoy cansada", tal vez quieres decir, "no tengo ánimo para cocinar, ¿Por qué no comemos fuera?" Pero tu esposo dice, "estoy cansado", Y eso probablemente significa "no quiero moverme de aquí".

Necesitamos conformar nuestras palabras al oyente. Cuando Jesús habló con la mujer samaritana al lado del pozo, habló del agua viviente (Juan 4:10), pero cuando habló con Pedro y Andrés se refirió a "pescadores de hombres" (Marcos 1:17). El libro de Filemón es un hermoso ejemplo de la delicada diplomacia que resulta de ponernos en el lugar de otro. Pablo explicó en *I Corintios 9:22* que *"Me he hecho débil a los débiles. . .para que de todos modos salve a algunos".*

Otra prueba de la buena comunicación es lo apropiado del tema. Por ejemplo, los problemas de personalidad en la congregación no son temas buenos para dialogar con una persona no cristiana. Aun la cantidad de nuestras palabras pueden determinar lo eficaces que son. Se comenta del niño que no quería preguntarle algo a su mamá "porque no quería saber *tanto* después de todo". Aun muchos esposos han aprendido a no "sintonizar a sus esposas" como una especie de autodefensa en contra del demasiado hablar (Proverbios 17:27). Alistair Cooke dijo que muchas veces nuestro significado "está enterrado en el mar de la palabrería".

Debemos analizar nuestros motivos para asegurarnos de que hablamos para informar y no para mostrar nuestras habilidades oratorias. Considera la claridad y la sencillez del testimonio del ciego en *Juan 9:25:*

"Habiendo sido ciego, ahora veo".

INTERFERENCIAS EN LA LÍNEA

"Interferencia" es otra palabra usada con frecuencia por los especialistas modernos en comunicación. Se refiere a cualquier factor externo que puede impedir la buena comunicación. Por ejemplo, el calor puede interferir seriamente en un cuarto con demasiada gente. El cansancio, los dolores de cabeza o la frustración con un trabajo son también ejemplos comunes de la interferencia en la comunicación.

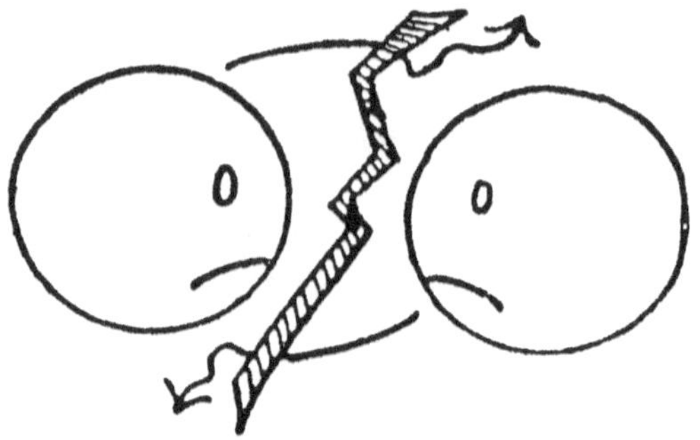

INTERFERENCIA

PASO A PASO

Relacionado con la interferencia está el sentido de la coordinación. Cuando tu hijo te está relatando, emocionado, la humillación que sufrió en el colegio, ese no es el mejor momento para recordarle que necesita lavarse las orejas. Tampoco sería apropiado decirle a una madre que está tratando de calmar a su hijo que llora, que salga del culto para no estorbar a los demás. Con mucha compasión Jesús decidió no castigar a la adúltera por sus pecados porque no quería atormentarla más (Juan 8:11).

En ocasiones pensamos con orgullo que "hablamos con franqueza". Pero *Proverbios 29:11* nos advierte que *"sólo el necio da rienda suelta a toda su ira"*. Salomón, con la experiencia de sus 300 esposas, lamentó: "Como zarcillo de oro en el hocico de una cerda es la mujer hermosa y apartada de razón" (Proverbios 11:22). ¡Midiendo cómo y cuándo hablamos es la mayor parte de la discreción! También dijo Salomón: "Manzana de oro con figuras de plata es la palabra dicha como conviene" (Proverbios 25:11). Un buen sentido de coordinación es importante para saber "cuándo callarse y cuándo hablar", como dice *Eclesiastés 3:17*.

EXAMÍNATE—OTROS LO HACEN

En otra ocasión Salomón escribió: "Hay hombres cuyas palabras son como golpes de espada; mas la lengua de los sabios es medicina" (Proverbios 12:18). Si tu esposo o tus hijos (o tal vez un extraño en el autobús) tuviera que usar una de estas frases para describir tu manera de hablar, ¿cuál escogería: "saludable" o "cortante como la espada"?

Para bien o para mal, nuestra conversación es nuestra identificación. Cada vez que abrimos la boca, mostramos nuestro ser (Mateo 12:34). Por eso Pablo nos desafía: *"que os comportéis como es digno del evangelio de Cristo"* (Filipenses 1:27). No solamente Cristo nos juzga por nuestras palabras (Mateo 12:37), sino también las demás personas.

PAJARILLO EN EL TECHO

De vez en cuando cada una de nosotras sufre la sensación de estar afuera mirando hacia adentro. Aún el Rey David —apuesto, exitoso, admirado por millares— escribió tristemente, *"Velo, y soy como pájaro solitario sobre el tejado"* (Salmo 102:6-8).

Aun la mujer con más habilidad y confianza no está inmunizada contra el flagelo de la soledad. La necesidad de la comunicación genuina con nuestro prójimo y con Dios es común en cada una de nosotras. Y espero que este estudio, junto con la práctica y la oración nos una aún más.

ROMPIENDO EL HIELO: Haga una ronda del grupo, y cada una vaya diciendo su nombre y su postre favorito.

PREGUNTAS PARA FOMENTAR EL DIÁLOGO

1. Hay tantos pecados horribles que pudiéramos cometer. ¿Por qué piensas que Dios pone tanta atención en algo tan sencillo como lo que decimos?
2. Toma 5 minutos y expone tus sentimientos acerca de la necesidad de una comunicación más profunda entre cristianos. Cada grupo deberá usar la regla rogeriana antes de presentar sus propias ideas.
3. Discute la diferencia entre *escuchar con el oído* y *escuchar con el corazón*.
4. Cada miembro escribe durante 30 segundos lo que ve en el cuarto. Compara las listas. Aunque todas están en el mismo cuarto, ¿son idénticas las listas? ¿Cómo puedes relacionar esto con la comunicación?

5. ¿Cómo puede un padre o profesor de Biblia usar el concepto de *reacción recíproca*?
6. Piensa en algunos ejemplos de un mal momento o un lenguaje inapropiado en la comunicación.
7. Nombra algunas interferencias que pueden impedir una comunicación eficaz. ¿Cómo puedes aplicar este concepto a discusiones entre familiares?
8. ¿Por qué hay más conversaciones *sin sentido* que *con sentido*? ¿Es bueno? Si no, ¿cómo podemos cambiarlo?
9. ¿Qué te molesta más en cuanto a la comunicación?
10. De tus experiencias, ¿qué has aprendido que te ayude con la comunicación con los demás?

LLEGANDO AL FONDO

1. Esta semana trata repetidas veces de escuchar con atención, y preguntar con sinceridad, con quienes te encuentres y con quienes por lo general dialogas. Analiza los resultados.
2. Busca ejemplos buenos y malos de la comunicación y aplícalos para mejorar tu propia forma de hablar.
3. Esfuérzate por dar el tiempo necesario y escuchar con interés a alguien especial; ya sea tu esposo, un hijo, estudiantes o compañeras de trabajo.

Capítulo 2

LAS ACCIONES SON MÁS ELOCUENTES QUE LAS PALABRAS

Cuando tu niño, cubierto de chocolate y con los dedos pegajosos, baja la cabeza e insiste en que no ha comido una galleta de chocolate, ¿le crees? O cuando tu esposo golpea la mesa con el puño y grita: "¡No estoy enojado!", ¿le crees también? ¿Qué tal si una amiga te dice dulcemente "Cuéntame de tu paseo", y después bosteza y empieza a mirar alrededor, ¿qué opinas?

Hay mucha verdad en el adagio "Las acciones siempre hablan por nosotros". Esto se llama, en términos modernos, *la comunicación no-verbal*.

Algunos expertos afirman que las acciones ocupan un 70% de lo que comunicamos a los demás. Hace 3.000 años David enfatizó lo mismo al escribir: *"Los dichos de su boca son más blandos que mantequilla, pero guerra hay en su corazón"* (Salmo 55:21).

Tambien Pablo reconoció la importancia de la *comunicación no-verbal* cuando ensalzó a Filemón por su "amor y fe", los cuales servían "para que la participación de tu fe sea eficaz" (Filemón 6). No importa cuán buena es la religión que predicamos, con palabras nunca convenceremos a nadie —y menos a Dios— si no comunicamos el mismo mensaje con nuestra manera de vivir. Nuestro **caminar** debe concordar con nuestro **hablar.** El cristianismo es una religión de "mostrar y explicar". Y cuando lo que mostramos está en contra de nuestro mensaje, los que están en nuestro derredor descartarán lo que decimos y creerán lo que mostramos.

HAGAN LO QUE DIGO, NO LO QUE HAGO

Los padres confiamos muchas veces en las palabras para formar las actitudes de nuestros hijos acerca del bien y el mal. Pero pronto reconocemos la realidad dolorosa de que nuestros hijos no ponen tanta atención a lo que decimos, como a lo que hacemos. Cristo lo reconoció y pudo decir: *"Ejemplo os he dado, para que como yo os he hecho, vosotros también hagáis"* (Juan 13:15). Pedro también notó la superiordad de las acciones sobre las palabras cuando nos aconsejó *"manteniendo buena vuestra manera de vivir entre los gentiles"* (I Pedro 2:12). Así que no son sólo los sicólogos, sino también la Biblia, quienes enfatizan la importancia de esta *comunicación no-verbal.* Pero, ¿cuáles son las aplicaciones prácticas de este principio?

Empezamos con un ejemplo básico: cada vez que tú entras a un cuarto, presentas una imagen especial—¡sin decir una palabra! Quizás proyectas la idea de paz y buen humor (Romanos 15:13); o puede ser una imagen de nervios y discordia.

ESPEJO, ESPEJO EN LA PARED

Mírate en el espejo esta noche y trata de evaluar honestamente lo que tú piensas que tu apariencia comunica a los demás. ¿Reflejan tus ojos la "vida abundante" de *Juan 10:10*? ¿Muestra tu cara las actitudes de Pablo de "estar siempre gozoso"? (I Tesalonicenses 5:15). ¿Manifiesta tu postura la "confianza y esperanza"? (Hebreos 3:6). O, en resumen, ¿es tu imagen una que respalda esta cita?: "¿Será magnificado Cristo en mi cuerpo"? (Filipenses 1:20).

Se ha dicho que a los 20 años una mujer no tiene la culpa de cómo se ve; pero a los 40 años no tiene excusa porque su vida habrá sido escrita en su cara. La mera apariencia de una cristiana debe comunicar una paz y un gozo que el mundo envidie. A pesar de los avances en la comunicación, una sonrisa siempre dice mucho. Si estás contenta, enséñalo a tu rostro, ¡Y sonríe!

ESCUCHA CON LOS OJOS

Los sicólogos afirman que hay más de 10.000 símbolos no-verbales que utilizamos para comunicar lo que sentimos. Nos son familiares el pulgar en alto o el saludo con la mano. Pero hay muchos más que son más sutiles. Un conocimiento de ellos nos puede ayudar a entender a los demás, especialmente a quienes les estamos enseñando. También nos pueden ayudar respecto a la impresión que dejamos en los demás, como representantes de Cristo.

Considera este ejemplo: Los sicólogos dicen que cuando uno escucha con los brazos cruzados, esto revela que uno no está totalmente abierto hacia la persona que está hablando y que siente la necesidad de actuar con reservaciones porque no se está entregado completamente. Este detalle puede ser de gran ayuda para la maestra de la escuela bíblica— o para una esposa o madre. Otro ejemplo de este lenguaje corporal es cómo uno se sienta. Si las rodillas están dirigidas hacia la persona que esta hablando, uno es receptivo. Pero si voltea las rodillas, tal vez sea escéptico. El mirarle los ojos al interlocutor es otra señal de estar de acuerdo; y cuando uno esquiva los ojos, muestra un deseo de evitar sus palabras.

EL SECRETO DE LA PAZ INTERNA

Como cristianas debemos ser muy cuidadosas; no solamente de lo que decimos, sino también de nuestra comunicación corporal —en público y en el culto (I Corintios 8:9-10). ¿Alguna vez te has afanado para alcanzar el primer lugar en la fila en el mercado, y después de lograrlo, te has dado cuenta de que la persona que dejaste atras era una buena amiga? Cuanto más sea la concordancia que exista entre nuestra conducta y nuestras palabras, más felices seremos. Porque así podremos vivir en paz y en confianza sin el temor de que alguna acción nos juzgue (Romanos 12:9).

Una vez mientras estuve en un vivero, noté a una señora que examinaba unos árboles. Aunque no la pude oír, podía saber por sus expresiones y su gestos que nada le agradaba —los árboles, el vendedor, ni el sitio. Esa misma noche vi a la misma señora en una reunión de la iglesia y con sorpresa mi di cuenta de que ella era cristiana. ¿Qué tal si yo no fuera cristiana y ella viniera a mi casa para invitarme al culto. . .? La diferencia entre **saber** lo bueno y **hacer** lo bueno requiere mucho escudriñamiento personal reforzado obviamente con la ayuda de Dios, como testifica Pablo en *Romanos 7:15-25.*

FAVOR DE NO TOCAR

La *comunicación no-verbal* se pude usar en una forma muy positiva. Ninguna palabra puede transmitir el mismo beneficio que una mirada genuina o un abrazo ligero. Cuando el leproso se acercó a Cristo y éste *"extendió su mano, y le tocó''* (Mateo 8:3), aquel toque tuvo un sentido más profundo para el leproso que todas las palabras elocuentes. Tal vez nuestro conocimiento más profundo de Cristo y de su personalidad se percibe en Su acto de llorar compasivamente en la tumba de Lázaro (Juan 11:35).

La esposa del famoso sicólogo Menninger, una vez explicó que aunque una mujer exprese verbalmente a su esposo, sus pensamientos y deseos mas profundos, "ella puede decirle mucho al preparar su comida preferida, o al pegar los botones de sus camisas". Y Pedro dice (I Pedro 3:1-5) que con este mismo método la esposa cristiana puede ganar a su esposo para Cristo—no por lo que dice sino por lo que le muestra.

LENGUAJE DE SEÑAS PARA LOS OYENTES

¿Te ha sucedido esto cuando tu esposo te pregunta?, "¿Por qué estás enojada conmigo?" Y tu le respondes "¡yo no he dicho nada!", entonces, él te dice: "No. Pero hiciste tal cosa..., y siempre lo haces cuando te sientes mal". De la misma manera, es poca la gente que se acerca a uno para decir "¡Estoy tan desanimada!", pero se puede presentir por la *comunicación no-verbal.* Así estamos más preparadas para "gozar con los que se gozan, y llorar con los que lloran" (Romanos 12:15). En nuestra congregación hay clases especiales de lenguaje de señas para los sordos. Pero tal vez haya igual necesidad, entre los que oimos, de aprender a leer las señas de personas con ese impedimento.

En este mundo lleno de ruido y contaminación, no hay mejor súplica que esta: *"Hijitos míos, no amemos de palabra ni de lengua, sino de hecho y en verdad''* (I Juan 3:18).

La sunamita no sólo le deseó un buen viaje a Eliseo, sino que dispuso en su propia casa un cuarto para cuando él volviera a pasar por allí (II Reyes 4:8-10). El carcelero de Filipos no sólo se entristeció por el maltrato de Pablo y Silas, sino que además los llevó a su casa—convictos fugitivos y extraños— y les lavó las heridas (Hechos 16:33). No importa cuán elocuentes seamos al predicar los beneficios cristianos, es solamente teoría bonita hasta que el mundo los pueda apreciar en la práctica—en tu vida y en la mía.

> Tenía mucha hambre,
> Y tú formaste una sociedad humanista
> Para discutir mi hambre.
>
> Fuí encarcelado,
> Y te fuiste en silencio
> A la capilla retirada,
> Para orar por mi libertad.
>
> Estuve desnudo,
> Y en tu mente
> Debatiste la moralidad
> De mi apariencia.
>
> Estuve enfermo,
> Y te arrodillaste
> Para dar gracias
> Por tu salud.
>
> No tenía techo,
> Y me predicaste
> Del amparo espiritual
> Del amor de Dios.
>
> Estaba solo,
> Y me dejaste en mi soledad,
> Para orar por mí.
>
> Pareces tan santo,
> Tan cerca de Dios;
> Pero todavía tengo hambre,
> Y soledad, Y frío.

(Anónimo)

ROMPIENDO EL HIELO: Has una ronda del grupo preguntando sus nombres y a dónde piensan ir de vacaciones.

PREGUNTAS PARA FOMENTAR EL DIÁLOGO

1. ¿Qué valor tiene la idea de la *comunicación no-verbal* para las cristianas?
2. Durante el tiempo que pasas con los grupos, observa casualmente a la persona que esté a tu izquierda, anotando cualquier comportamiento no-verbal que se note. ¿Que formas de *comunicación no-verbal* encuentran nuestros hijos en nosotras que les molesten más?
3. Habla de la "hipocresía" de nuestra congregación.
4. ¿Hasta dónde debemos preocuparnos por las opiniones de los demás?
5. Estudia a los dos hombres del dibujo al principio del capítulo. Relata en cuál de ellos confiarías como vendedor de coches usados (o con cual de ellos discutirías asuntos religiosos) y explica el por qué.
6. A. ¿Cuáles "primeras impresiones" te molestan más en los demás?
   B. ¿Que señales no-verbales te molestan y distraen más cuando estás hablando?
7. Analiza la tendencia latina de tocar a los demás. ¿Es esto bueno o malo? ¿Es señal de sinceridad o de hipocresía?
8. Discute la *comunicación no-verbal* que ocurre entre esposos—lo bueno y lo malo.
9. ¿Cuáles son algunas indicaciones no-verbales que una maestra de escuela bíblica debe conocer? ¿Cuáles son los mensajes que la maestra enviaría inconscientemente?
10. Comparte con la persona a tu izquierda lo que observaste de su comportamiento durante la clase. Si deseas, cuéntale también tus interpretaciones.

LLEGANDO AL FONDO

1. Enciende el televisor, rebaja el volumen, y observa lo efectivo del lenguaje no-verbal. Trata de utilizar las señales no-verbales en tu propia comunicación personal esforzándote a eliminar lo negativo.
2. Analiza los gestos de los demás y sus reacciones hacia ellos.
3. Concéntrate en utilizar la *comunicación no-verbal* positiva con tu esposo, hijos u otra persona de tu agrado. Esta semana haz el esfuerzo de mantener contacto físico con los demás.

Capítulo 3

¿QUÉ LE COMUNICAS A TU ESPOSO?

En un número reciente del "Denver Post", se alude a la revista "Mujeres profesionales" donde se criticaba algunos artículos que muestran a la mujer solamente en su papel tradicional, perpetuando su imagen como simples, **ayudantes del hombre**. En el mismo periódico una sicóloga se queja de que:

> "Demasiadas mujeres ven el matrimonio como una
> carrera, cuando simplemente es una relación".

Tales ideas son sintómaticas de la tendencia creciente de nuestro tiempo de disminuir o aún descartar como anticuado el concepto bíblico de la relación entre esposos. Cuando Dios creó a Eva, la formó especialmente de acuerdo con las necesidades de Adán (Génesis 2:18). Entonces, cuando una mujer cristiana se casa, ella está, de una manera real, entrando en su "carrera"—la de complementar a su esposo (y no competir con él). Ella no es inferior a él (Gálatas 3:28), sino diferente—como una manzana y una naranja son diferentes, aunque ninguna es inferior a la otra.

Dios creó al hombre y a la mujer distintos a propósito, porque los hizo con responsabilidades diferentes. A la luz de la filosofía moderna, le es sumamente importante a la mujer cristiana recordar que el papel de apoyo no es una maldición, sino un favor. A menudo Jesús trató de explicar que "más bienaventurado es dar que recibir" (Hechos 20:35); y que "el que pierde su vida por causa de mí, la hallará" (Mateo 10:39). Jesús reprochó a sus apóstoles, recordándoles que "el que es mayor de vosotros sea vuestro siervo" (Mateo 23:11). Es el servicio, (no el egocentrismo), la clave de la felicidad para el hombre o la mujer. ¡Dios nos ha dado a nosotras más oportunidades de lograr esta meta!

> "El amor, para el hombre es cosa aparte...Es la existencia completa de la mujer".
>
> Lord Byron

Puesto que el propósito de la mujer está tan integrado al de su esposo, es prácticamente imposible separar su felicidad personal de su felicidad matrimonial. Así que es vital que las esposas se comuniquen con sensatez con sus maridos, o ellas jamás serán felices.

NUNCA HABLAS CONMIGO

Un gran problema en la comunicación conyugal es que las mujeres tienen la tendencia a ser más locuaces que los hombres, por lo tanto la esposa siente que en su matrimonio existe buena comunicación solamente si su marido le habla. Pero piensa otra vez en la comunicación no-verbal. Un esposo que sale a trabajar todos los días—tenga ganas o no—y que lleve su sueldo a casa, considera esto como una muestra de su amor y preocupación por su esposa. A la vez su esposa, trabajando duro en la casa todo el día, comunica su amor y preocupación por su esposo. Pero por la noche, los dos se sienten descuidados y resentidos porque su pareja está demasiado cansada para demostrar afecto. Cada uno demuestra el mismo mensaje: que ama y quiere cuidar al otro. Pero no han logrado reconocer la validez de la comunicación no-verbal, lo cual les trae resultados infelices.

¿Has envidiado alguna vez a una pareja cuyo esposo era muy atento y cariñoso en público?, pero con el tiempo ¿has recibido la noticia sorprendente de que tenían problemas en la casa? En sí las palabras no tienen tanto sentido para el hombre como para la mujer. Por eso, el esposo que pasa el sábado haciendo arreglos en la casa tal vez le muestre así más amor a su esposa, que el hombre que usa con facilidad las palabras "te amo". Tal vez encontramos esta idea difícil de aceptar, y tratamos de cambiar a nuestros maridos para que se asemejen a la imagen que teníamos del príncipe azul cuando éramos pequeñas.

EN LAS BUENAS Y EN LAS MALAS

Uno de los mensajes más importantes que la esposa exitosa le comunica a su esposo es el tesoro de "la aprobación". No puede ser una tolerancia de que "pase lo que pase, tengo que sonreír." Tampoco debe tomar la actitud de que "si me acepta, yo le acepto". Tiene más bien que ser una completa aprobación a favor de él como persona, con sus puntos buenos y malos.

Decía un marido pensativo: "Muchas mujeres serían mejores esposas si no se ocuparan tanto en mejorar a sus esposos". Hay muchas razones para no tratar de cambiar a nuestros esposos. ¡Pero la razón principal es que no funciona! Sermonear solamente sirve para engendrar tensión y rebelión (Proverbios 4:9-19). El hombre es orgulloso. Dios le hizo así para su papel más agresivo en la vida. Pero, por el mismo orgullo, un hombre se resiente cuando su esposa lo trata de cambiar. Lo único que él entiende es que ella no lo quiere como es, y su "ego" lastimado reacciona concluyendo que él tampoco la quiere como es. Puesto que Dios creó al hombre independiente, a veces el esposo rechazará exactamente lo que es correcto aunque él lo sabe, si se da cuenta de que su esposa está tratando de obligarle—es de suma importancia que las esposas con maridos no-cristianos recuerden esto.

Es de gran alivio cuando al fin podemos desechar la idea de necesitar cambiar al esposo, así podemos relajarnos y empezar a gozarlo todo con ellos porque son seres humanos comunes y corrientes, con puntos fuertes y débiles, ¡como nosotras! ¡Piensa en la fatiga mental que sentirías si te hubieras casado con un hombre perfecto! ¡Tendrías que esconder todas tus faltas! Hasta que no desistamos de la idea y la necesidad de cambiar a nuestros maridos, estaremos tan preocupadas con sus fallas que siempre veremos sus flaquezas. ¡Y llegaremos a creer que eso es lo que tienen, y nada más!

En el popular libro *Mujer Fascinante*, Helen Adelin describe un método práctico que nos ayudará a enfocar el bien en vez del mal que hay en nuestros esposos. Ella indica que detrás de cada falta usualmente hay una virtud. Por ejemplo, el esposo que tiene la tendencia a sufrir de depresión usualmente tiene metas muy altas que hasta ahora probablemente no ha logrado. El esposo olvidadizo puede tener una mente brillante en su trabajo. Así pues, usemos este método: "Si hay *virtud alguna. . .piensa en ella''*: (Filipenses 4:8), con una precaución: las faltas no desaparecerán automáticamente. Pero sí las podremos aceptar más fácilmente, y nos sentiremos mejor, porque nuestro enfoque será positivo (Proverbios 19:11). Si nos imaginamos que nuestros esposos son un poco mejores de lo que son, veremos que ellos están tratando de ganar nuestra estimación.

LA PALABRA DICHA COMO CONVIENE

Otra cualidad muy importante que debemos comunicarles a nuestros esposos es "la apreciación". El respeto a sí mismo es decisivo en su éxito personal, y también en su matrimonio. Frecuentemente el hombre refleja la imagen que su esposa tiene de él. ¡Qué responsabilidad tan tremenda la de ella! *"Una palabra dicha como conviene"* (Proverbios 25:11) puede tener mucho impacto en tu matrimonio. Si ves algo admirable en tu esposo— aunque sea solamente la manera en que reajusta la imagen del televisor— ¡díselo! *Proverbios 3:27* nos aconseja este punto importante para el matrimonio: *"No te niegues a hacer el bien a quien es debido, cuando tuvieres poder para hacerlo"*. ¿Cuál de nosotras no se esforzaría hasta el máximo al recibir un elogio genuino?

Reconfirma la importancia de tu esposo en tu vida. ¿Tiene él la confianza de que es el número uno en tu vida? Éste es el método más seguro contra la infidelidad de tu esposo. Detalles sencillos pueden comunicarle su importancia para ti; tales como guardarle el periódico en un solo lugar, o dejarle solo unos momentos para descansar al llegar a casa. Sin importar lo cansada o preocupada que estés, cada día dedícale un poco de tu tiempo para él. Puedes preparar su plato preferido; o si se encuentra en dificultades, ora por él. Un esposo le agradece tanto a su esposa cuando ella le deja solo si él está muy atareado o preocupado.

La admiración es una necesidad básica de todo hombre. Y no obstante su independencia, es algo que no puede proveerse a sí mismo. La esposa que sabe proporcionarle a su esposo este requisito indispensable será también imprescindible para él. Es ella, y no la esposa regañona, quien logrará mayores y mejores cambios en su esposo.

TENGO JAQUECA

A veces subestimamos lo que nuestras reacciones sexuales le comunican a nuestro esposo. Para ellos, el deseo sexual es mucho más importante que el cansancio; en cambio, nosotras pensamos que primero se debiera acabar una tarea que hacíamos, como encerar el piso (I Corintios 7:4-5). Entonces cuando *tenemos jaqueca*, nuestros esposos lo toman muy personalmente. Atribuyen la falta de interés sexual a una falta de interés en ellos como personas. Y cuando el orgullo de un hombre es lastimado, la comunicación en las otras áreas también se desploma.

Una parte física del hombre le fue quitada para crear a la mujer. Pero en la union física del matrimonio el hombre y la mujer se juntan otra vez, y son hechos completos. En una lección anterior, la comunicación fue definida como "algo en común entre dos personas". Y cuando dos personas son una en el matrimonio (Génesis 2:23-25), esta unión puede ser una de las formas más bellas y completas de la comunicación.

Otra actitud básica que debemos comunicarles a nuestros esposos es el respeto. ¿Aman y respetan tus hijos a su padre? porque eso es lo que ellos ven en ti (I Pedro 3:1-6). O por el contrario, ¿son críticos e irrespetuosos—porque ¿ése es el ejemplo que tu das? ¿Qué es lo que les enseñas a diario acerca de tu relación con tu esposo? Los hijos necesitan ver el plan de Dios funcionando en la vida de sus padres, antes de que puedan ver los errores del pensamiento moderno acerca del movimento feminista (o el concepto moderno del matrimonio).

Si quieres leer un buen libro de cómo tener un matrimonio feliz, ¡déjame recomendarte la Biblia! Solamente si seguimos las instrucciones de aquél quien nos creó y animamos a nuestro esposo en su responsabilidad como cabeza de la familia (Efesios 5:22-23), seremos felices en el matrimonio.

¿QUIÉN ESTÁ CONTANDO?

A veces, en un matrimonio, hay demasiada comunicación, y todos los resentimientos guardados rebosan. En su libro, *Yo Estoy Bien Tú Estás Bien*, el Dr. Harris lo compara a una colección de estampillas por puntos. Cuando los esposos nos hacen enojar pero seguimos "amables" como si nada hubiera pasado, ganamos una estampilla "roja" para "el álbum mental". Cuando él sale a divertirse mientras nosotras nos quedamos en casa para hacer el aseo, ganamos una estampilla "verde", el color de la envidia. Las estampillas "cafés" son para aquellos días aburridos y pesados cuando llueve y los niños están en casa con gripe. Pero viene el día del conteo para sacarlas todas a relucir y saldar cuentas. Cualquier desacuerdo puede provocarlo. Y cuando llega, sacamos nuestros álbumes y saldamos las cuentas en una pelea "gratis" (porque él me las tiene que pagar). Claro, todo marido que se respete a sí mismo tiene también su propio álbum de estampillas. Así pues, al olvidar la admonición de Pablo de "no guardar rencor" (I Corintios 13:5), las palabras hirientes vuelan en un ajuste de cuentas impresionante.

El humor que resulta de esta descripción realista de cómo irracionalmente empiezan muchos desacuerdos, puede darnos la medida necesaria para evitarlos. Mira si el siguiente caso puede aplicarse la próxima vez que te enojes con tu esposo. Durante años los sicólogos han despreciado el dicho bíblico: *La blanda respuesta quita la ira* (Proverbios 15:1). Nos han animado con la idea de no guardar nada y desahogar todo nuestro enojo. Pero ahora han "descubierto" que el consejo que Salomón nos dió hace unos 3.000 años: *Mejor es el que tarda en airarse que el fuerte* (Proverbios 16:32), es correcto después de todo. Estudios recientes han demostrado que dar rienda suelta a las emociones fuertes simplemente refuerza la tendencia a comportarse en forma violenta.

Efesios 4:26 nos aconseja: *"No se ponga el sol sobre vuestro enojo"*. En otras palabras, no te acuestes enojada con tu esposo. Resentimientos a los que se les permite "arder sin llama", eventualmente cauterizan parte del amor de la pareja. El lema actual es que "el amor no tiene que disculparse". Tal vez no esté obligado a disculparse, pero el amor siempre debe estar dispuesto a pedir perdón. Y recuerda, Dios no nos amonestó de que solamente el culpable debe sacar la bandera blanca del perdón. Si no encuentras ninguna otra razón de porque te sientes apenada, entonces pídele disculpas a tu esposo, por esa excesiva rectitud que te causó indignación en contra de él.

¿QUIÉN ESTÁ AYUDANDO A QUIÉN?

De vez en cuando debemos recordar que Dios nos hizo para el hombre (I Corintios 11:9). A veces lo olvidamos, y esperamos que nuestros esposos nos ayuden a nosotras. Queremos que nos suplan no solamente de nuestras necesidades materiales, sino también las necesidades mentales y emocionales.

Pero no es sabio ni justo poner a cargo de nuestros esposos la responsabilidad de nuestra felicidad y realización como mujer. Una joven esposa se quejaba diciendo que se enojaba tanto y le daba mucha hambre mientras esperaba por su esposo que nunca llegaba a la hora para la comida. Y una amiga de más edad y con más experiencia le contestó: "Querida, él no puede masticar por tí".

SACA TUS HERRAMIENTAS

"La mujer sabia edifica su casa" nos recuerda *Proverbios 14:1.* Como esposas, nosotras tenemos la clave para nuestra felicidad y la del matrimonio. La felicidad depende de aprender a querer lo que tenemos y no de tener lo que queremos. Eso es el *"aprender a contentarse"* descrito por el apóstol Pablo en *Filipenses 4:11.* El alto promedio de fracasos en los segundos matrimonios indica que un matrimonio depende más de las actitudes involucradas que de las personas involucradas. Jesús nos advierte en *Lucas 9:62* de la insensatez de decir "qué tal si fuera" o "si solamente hubiera. . ." Cuando seguimos con sinceridad el patrón que Dios nos ha dado para nuestro bien, nuestros matrimonios saldrán triunfantes. Dios creó al hombre con una necesidad y creó a la mujer

para llenarla. ¡Y el plan de Dios sí funciona!

Si le dijeras a tu esposo esta noche: "Vamos a tener un diálogo profundo", probablemente se reiría o se digustaría. Pero comunícale tu aceptación y la apreciación que él necesita—no solamente esta semana, sino el resto de tu vida—y pronto estarás gozando de buenos diálogos con él.

Y cuando converse contigo, ¡haz que se sienta feliz de hablar! Escucha atentamente lo que dice y lo que se refiere a sí mismo como persona (Proverbios 20:5). No interrumpas (Proverbios 18:13), y frena tu lengua cuando te sientas inclinada a criticar (Mateo 7:2-3). El esposo que puede decir de su esposa, *"abre su boca con sabiduría, y la ley de clemencia está en su lengua"* (Proverbios 31:26), también estará de acuerdo con: *"El que halla esposa halla el bien"* (Proverbios 18:22). Y lo mejor será que, cuando empecemos a satisfacer las necesidades de nuestros esposos, ellos pronto empezarán a satisfacer también las nuestras.

> Y dijo Jehová nuestro Dios: *No es bueno que el hombre esté solo; le haré ayuda idónea para él. . .Y de la costilla que Jehová Dios tomó del hombre, hizo una mujer, y la trajo al hombre. Dijo entonces Adán: Esto es ahora hueso de mis huesos y carne de mi carne; ésta será llamada varona, porque del varón fue tomada. Por tanto, dejará el hombre a su padre y a su madre, y se unirá con su mujer, y serán los dos una sola carne"* (Génesis 2:18, 22-24).

En este pequeño párrafo está la historia de nuestro origen y propósito, tanto como el secreto de la felicidad y la comunicación más bella que el mundo puede conocer—la unión del hombre y su mujer.

ROMPIENDO EL HIELO. ¿Cuándo es tu aniversario de bodas, y cuánto tienes de casada? Si no estás casada, ¿cuál es tu fruta preferida?

PREGUNTAS PARA FOMENTAR EL DIÁLOGO

1. ¿Cuáles son algunos gestos no-verbales que un esposo puede utilizar para mostrarnos su preocupación y amor que tal vez nosotras no percatamos?
2. *Tito 2:3-4* dice que las ancianas deben enseñarles a las más jóvenes a *"amar a sus esposos"*. Permite a una de las señoras más maduras compartir por unos momentos algunos consejos para demostrarles amor a nuestros maridos.
3. Habla de las murmuraciones y sus varios disfraces. ¿Sabes de alguna crítica que haya tenido aceptación?
4. Nombra varias formas que podamos usar como un **refuerzo** de la posición del esposo como cabeza de la familia (Efesios 5:22-24).
5. *I Timoteo 5:14* nos instruye a *"gobernar la casa"*. ¿Hay conflicto entre esta enseñanza y la que instruye que sea el esposo la cabeza de la familia? Si no, ¿de qué se trata?
6. Haga una lista de varias mujeres bíblicas que influyeron en sus esposos para bien o para mal.
7. ¿Cómo puede la idea de "interferencia", discutida en el capítulo número uno, aplicarse a la comunicación entre cónyuges?
8. ¿Cuáles citas bíblicas puedes recordar para el caso de desacuerdos entre cónyuges o con cualquier persona?
9. ¿Por qué piensas que nos mostramos mejor con la gente desconocida y peor con la familia?
10. Habla de varias formas prácticas de comunicarles a nuestros esposos su importancia para nosotras.
11. Como parte de un programa más largo, sería interesante si varias señoras hicieran reportajes sobre unos libros como *La Mujer Total* de Maribel Morgan, *La Mujer Fascinante* de Helen Andelin, y *Cómo Veo el Sexo a Través de la Biblia* del Dr. Robert Pettus. Tal vez la clase quiera añadir otros títulos a la lista.

1. Haz una lista de los puntos buenos de tu esposo. También forma una lista de sus fallas. Trata de asociar cada falta con el punto bueno que tal vez este causando la falta.
2. Haz un esfuerzo esta semana por "aceptar" a tu esposo tal como es. Durante esta semana no trates de cambiarlo. En cambio, admira abiertamente sus características buenas. Al fin de la semana, analiza los resultados para ver si vale la pena continuar con el plan.
3. Imagina un día que tienes huéspedes en casa. ¿Cambiaría tu comunicación con tu esposo?

Capítulo 4

¿QUÉ LES COMUNICAS A TUS HIJOS ACERCA DE DIOS?

No obstante los gozos que se encuentran en el matrimonio, para la mayoría de las mujeres llega el momento de su mayor realización cuando sienten el deseo de tener un hijo. ¿Recuerdas cómo Ana, del Antiguo Testamento, quería un hijo? Su esposo, que la quería mucho, le preguntó con tristeza; *"¿No te soy mejor que diez hijos?"* (I Samuel 1:8). ¡Pero ella todavía quería un hijo!

Por medio de nuestros hijos vienen los gozos más grandes. Pero también por ellos vienen las mayores preocupaciones y dolores. Criar a un niño en rectitud no es trabajo fácil. La clave se encuentra en Salmo

117:1; donde Dios nos recuerda: *"Si Jehová no edificare la casa, en vano trabajan los que la edifican".*

Aunque fielmente cuidamos la alimentación de nuestros hijos y pagamos enormes cantidades de dinero en dentistas y médicos, les podemos fallar si no les equipamos con una firme fe en Dios.

¿ESTÁS PLANENADO PARA EL FUTURO DE TU HIJO?

"El principio de la sabiduría es el temor de Jehová", escribió Salomón (Proverbios 1:7). Pero estas palabras son discordantes en esta epoca orgullosa de la tecnología. Cada una de nosotras planea cuidadosamente para la educación secular de nuestros hijos, pero cuán poco tiempo gastamos comunicando la verdadera ciencia—¡el temor de Dios! Como madres cristianas, es importante separar lo más importante de lo menos importante, dejando por ahora las cosas que no cuentan tanto y concentrándonos en lo que tiene más importancia. Por ejemplo, entre lo más importante está asegurar que nuestros hijos conozcan y compartan nuestra fe en Dios.

Cada una de nosotras arropamos a nuestros hijos para resguardarlos contra el frío invernal. Y en estos momentos, nuestros hijos están en un conflicto, luchando contra la influencia del diablo. ¿Están preparados para esa lucha? ¡Nuestra responsabilidad principal hacia nuestros hijos no está en lo físico, sino en enseñarles los caminos de Dios!

Cada hijo recién nacido, le da una oportunidad a su madre de que le enseñe "la gran misión". Pero muchas veces les enseñamos el cristianismo con timidez, temerosas de que nos rechacen. Pero de cualquier modo, Dios nos ha mandado que les hablemos a nuestros hijos de Su ley. . . *"estando en tu casa y andando por el camino, al acostarte, y cuando te levantes. Y los atarás como una señal en tu camino, y estarán como frontales entre tus ojos, y las escribirás en los postes de tu casa, y en tus puertas"* (Deuteronomio 6:6-9). ¿Te parece que Dios nos está aconsejando moderación? ¡Parece más como un lavado del cerebro! De todos modos, es exactamente lo que nos toca hacer si queremos que nuestros niños sobrevivan espiritualmente en este mundo carnal. No descuidemos la admonición: *"Instruye al niño en su camino, y aun cuando fuere viejo no se apartará de él"* (Proverbios 22:6). Así que no dejemos pasar un solo día sin enseñarles algo a nuestros hijos acerca de Dios.

"ESCOGEOS HOY A QUIEN SIRVÁIS"

Uno de los elogios más grandes que Dios hizo fue cuando dijo de Abraham, *"Porque yo sé que mandará sus hijos y a su casa después de sí, que guarden el camino de Jehová"* (Génesis 18:19). Nuestro hijo de trece años le preguntó recientemente a una amiga (cuyo padre es un diácono) si iba a estar el miércoles en la iglesia. La niña pensó y después contestó, "Yo no sé".

> *"Escogeos hoy a quién sirváis; si a los dioses a quienes sirvieron vuestros padres, cuando estuvieron al otro lado del río, o a los dioses de los amorreos en cuya tierra habitáis; pero yo y mi casa serviremos a Jehová"* (Josué 24:15).

Este fue el reto conmovedor que Josué les hizo a los Israelitas, y es uno que Dios nos hace a nosotras también. Él necesita saber, sin lugar a duda, a cuál lado serviremos. Y también nuestros hijos necesitan estar seguros de que si hay una reunión de la iglesia, ¡nosotras estaremos allí! Esta práctica de poner a Dios primero debe ser tejida en lo más profundo de su carácter.

LA GENTE QUE VIVE EN CASAS DE VIDRIO

¡Los hijos nos mantienen honestas! Puesto que están con nosotras día tras día, nos ven en los peores momentos de la semana y en lo mejor del domingo. Y todo aquello es parte de su entrenamiento espiritual. Cuando mi hijo menor llevó todo el dinero de su cumpleaños para ofrendarlo en el culto, mi primer impulso (me da pena decirlo) fue decirle que no estaba obligado a ofrendarlo todo. ¿Pero regañó Cristo a la viuda pobre cuando ella dio todo lo que disponía? Nuestras decisiones diarias les comunican muy claramente a nuestros hijos cuáles bendiciones valoramos más: las materiales o las espirituales.

¿Qué comunicamos cuando gastamos $10 dólares en una semana para el cine o en un restaurante, cuando apenas estamos en condiciones de ofrendar $5 semanalmente? ¿Qué piensan nuestros hijos cuando ven que tenemos el dinero para subscribirnos a una revista, pero falta dinero para publicaciones cristianas? ¿Qué comunicamos cuando planeamos las vacaciones y nos olvidamos del culto del domingo? ¿O vamos de compras aunque tengamos dolor de cabeza, pero no asistimos al culto o al estudio bíblico así? No podemos comunicarles nada a nuestros hijos acerca de Dios a menos que nos comuniquemos bien con Dios nosotras mismas.

¿Nos ven nuestros hijos *"buscando primero el reino de Dios"* (Mateo 6:33) en plena confianza de que todo lo necesario será añadido? Un nuevo cristiano oraba recientemente con mucha fe porque Dios bendijera "a aquellos en este mundo que sufren crisis y escasez, ya que ellos no saben, como nosotros, que ¡Tú nos cuidas!" ¿Ven nuestros hijos esta fe sencilla en nosotras? ¿O sólo oyen quejas y preocupaciones? ¿Estaremos satisfechas si la fe de nuestros hijos iguala a la nuestra?

CUIDA DE TU DIETA

Ann Lindbergh escribió: "La mujer es como una jarra que derrama su contenido constantemente; se agotará si no la llevan a llenarse de nuevo". Asi como una madre que amamanta a su hijo debe comer bien antes de alimentar a su niño, también debemos comer constantemente de lo espiritual si vamos a alimentar bien, espiritualmente hablando, a nuestros hijos.

Habituémonos a leer publicaciones religiosas tanto como lo hacemos con la lectura secular. Hagamos el esfuerzo de cantar tantos himnos como canciones modernas. Debemos gozar de la lectura de los boletines de la hermandad (que son noticias de la familia cristiana) tanto como del periódico. Y no debemos esperar hasta que los niños estén acostados para nuestra lectura bíblica, aunque es más fácil porque uno puede concentrarse mejor, pero los hijos necesitan **vernos** leyendo y estudiando nuestra Biblia. Preguntarles si han estudiado sus lecciones dominicales no les impresiona mucho si no nos ven estudiando las nuestras. Dios dijo: *"Su delicia está en la ley, y en su ley medita de día y de noche"* (Salmo 1:2). Nuestros hijos deben aprender de nosotras este amor por la ley (Salmo 119:11-16).

Muy a menudo suponemos que nuestros hijos adquirirán automáticamente nuestras creencias y normas como por ósmosis. Me sorprendí hace poco al darme cuenta de que mi hijo de cuatro años no sabía el nombre del primer varón de la Biblia. Yo había supuesto que en algún lado le enseñarían esto. ¿Pero quién era la responsable? ¡Yo! No podemos absolvernos de la responsabilidad de la educación espiritual de nuestros hijos simplemente llevándolos a sus clases bíblicas una o dos veces a la semana.

JESUCRISTO SUPERESTRELLA

Cada uno de nuestros hijos probablemente podría decirnos quién es Pelé, su número y equipo. ¿Pero cuánto te puede decir acerca de Jesús y de su equipo? Pueden decir el horario de sus programas favoritos de televisión, pero pensamos que los libros del Antiguo Testamento les son demasiado difíciles de aprender. Tal vez podemos contratar a otros para la educación secular de nuestros niños, pero no podemos huir de la responsabilidad en cuanto a su crecimiento espiritual.

CUANDO LLUEVE A CHORROS

En nuestra familia, tenemos un juego de tarjetas con datos bíblicos que utilizamos para enseñarles a los niños mientras viajamos en carro. Pero ¿qué hay de los conceptos más importantes? Tú sabes por qué crees en Dios, ¿pero lo saben tus hijos? (I Reyes 8:25b). ¿Podrían defender su fe ante un compañero que se burla de ellos? ¿O ante un maestro ateo? ¿Estás segura? ¿Sabe tu hijo por qué no usamos instrumentos musicales en el culto? ¿Qué concepto tiene de la iglesia? ¿Y qué importancia tiene la Biblia para él?

En una clase bíblica para adolescentes, hace poco se les pidió a los alumnos que encontraran algunas citas bíblicas que tal vez se aplicaran al baile. ¡Y la mayoría ni tenía idea de cómo empezar! Si no les habían enseñado los principios de la Palabra de Dios en 16 años, ¿cuándo los empezarán a aprender? Si un niño de ocho años no supiera sus tablas de multiplicar, emplearíamos cada minuto posible ayudándole. Nosotras, las madres, debemos preocuparnos de la destreza espiritual de nuestros hijos.

¿Quién tiene una mejor posición (o mayor interés) que una madre para instruir a sus hijos en los fundamentos de la Biblia: por ejemplo, enseñando los libros de la Biblia, o cómo encontrar una cita bíblica. ¿No es esta habilidad tan importante como las tablas de multiplicar? Cuando decimos que no encontramos el tiempo de reunir a la familia para un momento de devoción, casi podemos oír a Jesús diciéndonos: *"Marta, Marta, afanada y turbada estás con muchas cosas. . .(pero) María ha escogido la buena parte"* (Lucas 10:41-42). Sería provechoso preguntarnos diariamente: *"¿Qué aprovechará al hombre si ganare todo el mundo y perdiere su alma?"* (Marcos 8:36).

No solamente debemos enseñar a nuestros hijos lo que creemos, sino también el por qué. Cuando concierne un asunto de la fe no basta con contestar: "Porque yo lo digo" o "porque lo dice la iglesia." En Éxodo 13:8, Dios escribió: *"Y lo contarás en aquel día a tu hijo, diciendo: Se hace esto con motivo. . ."* Debemos tomar el tiempo para asegurarnos de que nuestros hijos entiendan por qué creemos que cierta situación es buena o mala, si queremos que tengan un fundamento firme cuando estén lejos de nosotras (Éxodo. 12:26-27). No podemos esperar hasta que surjan los problemas, hay que encauzar a nuestros hijos en la voluntad de Dios.

> *"¿A quién se enseñará ciencia o a quién se hará entender doctrina? ¿A los destetados? ¿A los arrancados de pechos? Porque mandamiento tras mandamiento, mandato sobre mandato, renglón tras renglón, línea sobre línea, un poquito allí, otro poquito allá"* (Isaías 28:9-10).

¡POR FAVOR MAMÁ QUIERO HACERLO YO!

A consecuencia de la creciente necesidad de sentirse independiente, a menudo los adolescentes encuentran difícil aceptar totalmente las opiniones de sus padres. Después de todo, aquellos tienen una reputación que mantener. Y a nadie le gusta ser dominado por su madre. Por esta razón frecuentemente tienen que cuestionarnos algo, aunque saben que tenemos razón. Y para que sepan, en su corazón , que estan en lo cierto, debemos instruirles mientras son pequeños y estan ansiosos de aceptar lo que decimos.

Cuando trabajamos con niños mayores, podemos aprender mucho estudiando los métodos de enseñanza de Jesús. Uno de sus métodos de enseñar fue por medio de preguntas. Cuando el abogado en Lucas 10 preguntó: "¿Quién es mi prójimo?", Jesús respondió con una parábola y luego con otra pregunta, por tanto que la responsabilidad de la respuesta correcta quedó con el abogado.

Aplica este método a ti misma. Si le pidieras una alfombra a tu esposo—cuando muy bien sabes que no tiene con qué comprarla, y por lo tanto te pones de mal humor—¿cuál sería la mejor respuesta de tu esposo?

> —Tú sabes que no lo podemos pagar. ¡Y no sé ni por qué me lo preguntas!
>
> o
>
> —¡Ojalá que pudiéramos! ¿Qué piensas tú?

La primera respuesta haría más daño provocando más enojo y te colocaría en la defensiva. Por el contrario, la segunda respuesta te pondría en la posición de admitirte a ti misma que no disponen de suficientes recursos. Muchas veces podemos ayudar a nuestros hijos a reconocer el bien y el mal usando el mismo método. Debemos evitar arrinconarlos con nuestras convicciones hasta que su único recurso de salir con su orgullo intacto sea un rechazo completo de nuestras opiniones. La mayoría de los adolescentes tienen buen juicio si no les forzamos a esconderlo para mantener su independencia. El adolescente que desafía nuestras creencias puede estar simplemente buscando nuestra reafirmación. Y debemos emplear toda nuestra madurez para no perder la paciencia y así no imponerles nuestro orgullo hasta polarizarlos.

¿SÍ O NO?

El responder con una pregunta tiene la ventaja de darnos algunos momentos para pensar y recibir más información antes de tomar una decisión. ¿Cuántas veces has respondido impacientemente en el negativo, para después entender que tal vez no tenía nada de malo lo que preguntaba el niño? *Proverbios 18:13* nos dice que *"el que responde palabra antes de oír, le es fatuidad y oprobio"*. Nosotras, las madres, debemos, ser cuidadosas de no hacer eso. No podemos decir "si" o "no", cuando queremos decir "tal vez". Primero piénsalo bien para estar segura, y no vaciles. ¡Si tus hijos aprenden temprano en la vida que tu "no" es "no, y punto", evitarás, muchas horas de discusión!

Pero también debemos asegurarnos de comunicarles que la Biblia es una guía positiva y no un libro de prohibiciones que sólo sirve para amargarles la vida. Si únicamente los oprimimos con el "no puedes", estarán en la misma posición peligrosa del hombre endemoniado de *Mateo 12:43-45*. Como no había reemplazado lo malo con lo bueno, pronto regresó a lo malo—siete veces peor que antes.

LA VIDA ABUNDANTE

Como está visto claramente, la vida cristiana es la única verdadera libertad. *Romanos 12:2* anima al individuo cuando proclama:

> *"No os conforméis a este siglo, sino transformaos por medio de la renovación de vuestro entendimiento, para que comprobéis cuál sea la buena voluntad de Dios, agradable y perfecta".*

El cristianismo nos libera de la necesidad de conformarnos a la medida superficial de este mundo. Es una vida de poder sin límites, un ideal desafiante y de gran paz mental. ¡Y así se lo debemos comunicar a nuestros hijos! La mejor forma es ser conocedoras de la Biblia, nosotras mismas. Así, podemos usarla para ayudar a nuestros hijos y para estar más satisfechas y más confiadas, en vez de usarla contra ellos cuando hacen algo malo.

BUSCANDO LA OPORTUNIDAD

Se requiere mucho tiempo para criar a un niño en la amonestación del Señor. También se necesita mucha confianza... pero es una confianza en Dios y no en nosotras mismas. Santiago nos promete (1:5) que si a alguien le falta sabiduría, debe pedírsela a Dios y Él se la dará. Job oró continuamente por sus hijos por temor a que hubieran pecado (Job 1:5). David también oró por su hijo Salomón, que Dios le diera *"un corazón perfecto, para que guarde tus mandamientos, tus testimonios y tus estatutos"* (I Crónicas 28:20).

La madre sabia busca diariamente oportunidades para enseñarles a sus hijos el camino de Dios. Hay muchos libritos disponibles para ayudar en la enseñanza. Podemos tener buenos impresos e invitar a visitantes cristianos a casa. Como madres, somos las indicadas para arreglar el tiempo necesario para los momentos de devoción. Cuando hay proyectos especiales, como una colecta de ropa, podemos promocionarlo en la casa e involucrarlos a todos. Enseñarles doctrina a nuestros niños sería muy estéril si no les enseñamos también a amar a la gente. *"Instruye al niño en su camino"* (Proverbios 22:6) requiere mucho más que llevar al niño al culto y a la clase del domingo. ¡Debemos buscar continuamente las formas de acercar a nuestros hijos más a Dios!

Al fin de su vida, el sabio Salomón escribió este resumen de lo que había aprendido en toda su vida:

> *"El fin de todo discurso oído es éste: Teme a Dios, y guarda*
> *sus mandamientos, porque esto es el todo del hombre".*
> (Eclesiastés 12:13).

¡Si no les comunicamos nada más que esto a nuestros hijos, seremos madres exitosas! Y por medio de nuestros hijos, también nos enseñaremos a nosotras mismas porque:

> "Necesitamos las lecciones del amor tierno
> Como solamente la debilidad puede.
> Dios tiene a pequeños intérpretes;
> El hijo debe enseñar al hombre".

ROMPIENDO EL HIELO: ¿Cuánto tiempo tienes de ser cristiana; y hay más cristianos en tu familia?

PREGUNTAS PARA FOMENTAR EL DIÁLOGO

1. ¿Cuáles son algunas actividades cotidianas que les indican a nuestros hijos a qué le damos más valor, a lo material o a lo espiritual?
2. Discute las posibles implicaciones de Proverbios 22:6. Considera la posibilidad de que pueda ser un desafío en vez de una condenación.
3. ¿Qué formas de renovación espiritual haz encontrado más eficaces?
4. ¿Podrías trabajar con la maestra de escuela bíblica de tus hijos para el refuerzo de sus enseñanzas?

5. ¿Cuáles son algunas formas prácticas para "lavar el cerebro" de nuestros hijos espiritualmente?
6. Deja que cada miembro del grupo describa qué está usando para las devociones de familia. (Si no las tienen, usa esta oportunidad para animarlos a que las inicien).
7. Discute formas de demostrar a tus hijos que Dios es real en su vida.
8. ¿Cómo piensas que podemos ayudar a nuestros hijos a conocer más de la Biblia y a querer estudiarla?
9. ¿Es demasiado tarde para empezar a enseñarle a un hijo que ya es adolescente? Si la respuesta es "no", ¿qué métodos serán más eficaces? ¿Cómo tratarías a un hijo que ya no quiere asistir al culto?
10. ¿Podemos presentar a la Biblia como un medio más positivo que negativo? ¿O es necesario hacerlo?
11. ¿Cuáles temas te parecen importantes para ser enseñados en las clases dominicales?

LLEGANDO AL FONDO

1. Escribe cinco puntos básicos de tu fe y discútelos con tus hijos. Si sus respuestas no son satisfactorias, desarrolla un programa para profundizar su fe.
2. Desarrolla un método para examinar su conocimiento de la Biblia, y después inicia un estudio para mejorar sus habilidades.
3. Busca una oportunidad durante esta semana para comunicarles a tus hijos—de palabra y de hecho—que Dios y Su Palabra tienen la máxima importancia en su vida.
4. Ora diariamente por cada uno de tus hijos mencionando su nombre y sus necesidades.

Capítulo 5

"¿QUÉ LES COMUNICAS A TUS HIJOS ACERCA DE LA VIDA?

"He aquí, herencia de Jehová son los hijos
Cosa de estima el fruto del vientre.
Como saetas en mano del valiente,
Así son los hijos habidos en la juventud.
Bienaventurado el hombre que llevó su aljaba llena de ellos;
No será avergonzado cuando hablare con los enemigos en la
puerta". (Salmo 127:3-5).

Ahora tal vez quieras parar antes de tener tu aljaba llena, pero probablemente estamos de acuerdo en que no hay nada que nos agrade más y que nos dé mayor satisfacción que nuestros propios hijos. Aunque el lema feminista es: "Sal a buscar tu puesto en el mundo", ¡no hay mayor desafío, ni trabajo más creativo, ni proyecto que más nos satisfaga que el de criar a un hijo!

Pero de ninguna manera puede describirse el papel de madre como fácil. Cuando en el hospital ves una hilera de bebés tan lindos y delicados, es difícil imaginar que uno de cada nueve tendrá problemas con la ley antes de los 21 años; uno de cada quince llegará a ser alcohólico; y uno de cada diez tendrá que pasar algún tiempo bajo atención siquiátrica. Dos terceras partes de todos los crímenes—asesinatos, violaciones, asaltos—son cometidos por jóvenes menores de 21 años. ¡Y son los hijos de alguna madre! Pero los sicólogos dicen que la **ansiedad** más aguda para los jóvenes no es consecuencia de las drogas ni el acné, sino de los problemas de la mala comunicación con sus padres.

Se cuenta de un padre preocupado, con su hijo de cuatro años que estaba a su lado. Aquél está hablando y dice a la esposa: "Este niño ¡Habla! ¡Habla! y ¡Habla! Por lo menos en unos cuantos años el será un adolescente, y no seremos capaces de comunicarnos con él". Pero, como suele suceder con los cuentos que tienen raíces en la verdad, muy frecuentemente, cuando los hijos llegan a la juventud, **perdemos** mucho de la capacidad de comunicarnos con ellos. Pero por medio de la comunicación sabia con nuestros niños ahora, podemos incrementar las posibilidades de tener buenas relaciones con ellos cuando crezcan.

EL QUE TIENE OÍDOS, QUE OIGA

Quizá una de las mejores formas de comunicación con nuestrs niños sea la de escuchar y no la de hablar. (Proverbios 20:5). Se ha descrito a la crianza de niños como un 10% hablar y un 90% escuchar. ¡Y escuchar requiere mucha paciencia! Como dijo Erma Bombeck, "Un niño de nueve años puede tomar una frase sencilla como, 'Juan se puso mi cinturón', y convertirla en un gran drama". Pero la madre que escucha todos esos chistes tontos y las descripciones detalladas del niño que vomitó durante el almuerzo, será la misma madre que estará escuchando cuando su adolescente le cuente de los compañeros que están usando marihuana o yendo a los moteles.

Como madres, a menudo sentimos que tenemos la responsabilidad de no dejar pasar ni una imperfección de nuestros hijos sin llamarles la atención. Entonces les interrumpimos para decirles que se limpien la nariz o para corregir su gramática; y no captamos nada de lo que nos quieren decir. Luego no debe sorprendernos que cuando llegan a la adolescencia prefieran hablar con sus compañeros que con nosotros. Especialmente cuando estamos cansadas o molestas, debemos hacer un mayor esfuerzo de escuchar con el corazón más que con la cabeza y no afligir a nuestros hijos con nuestras frustraciones. Debemos practicar la filosofía de responder a la primera llamada, porque la segunda tal vez ya no llegue.

NO PROVOQUÉIS A VUESTROS HIJOS

Es muy fácil consentir al niño pequeño y cariñoso, pero así de fácil es provocar al adolescente ya crecido, y ser provocado por él con su propias opiniones. Por alguna razón sutil y casi siniestra, nosotros los padres a veces somos culpables de provocarles deliberadamente (Colosenses 3:21). Los criticamos por algo sin importancia o sin razón. Puede ser que nos resintamos por su creciente independencia; o porque nos hagan sentir que estamos envejeciendo; o que no "agradezcan todo lo que hemos hecho por ellos". Pero esta costumbre puede ser muy destructiva para la comunicación entre padres e hijos.

En asuntos de bien y mal, nuestros hijos esperan que tomemos una decisión firme. Pero muchas veces cuando provocamos a nuestros hijos su ira (como se nos advierte en Efesios 6:4), son por asuntos de opinión, y tal vez de poca importancia. Así que en **toda** la **comunicación** debemos mantener el principio de "me parece". Es decir, algo no siempre es claramente "bueno" o "malo", sino que "a mi me parece" que es bueno o malo.

Nuestros hijos no siempre siguen siendo los niños adorables de cuando tenían cuatro años. Si hemos hecho bien el trabajo, nuestros hijos empezarán a ser más independientes mientras crecen. Han heredado nuestros factores genéticos, pero no necesariamente nuestras opiniones. Estamos conscientes de esto. ¡Pero siempre a destiempo! Y por esta razón no debemos perder ninguna oportunidad con ellos, ahora.

Nos duele cuando nos damos cuenta que el hijo que ayer nos adoró, es el adolescente que hoy siente vergüenza de nosotras. La verdad es que los jóvenes tienen el talento de hacernos sentir anticuadas y mentalmente retrasadas. Y debemos valernos de todas las reservas de diplomacia y paciencia que poseemos para evitar que cierren definitivamente las puertas de la comunicación durante esta edad difícil. Es en esta época que nuestra madurez debe sobresalir, seguida y apoyada de un buen sentido de humor.

HAY TIEMPO PARA REÍR

Como dice *Proverbios 17:22*, el buen humor es la clave para las relaciones humanas en momentos de "estress". En un momento tenso Jesús se refirió a Herodes como "aquella zorra" (Lucas 13:32) y calmó una situación explosiva. ¿Cuántas veces has estado muy enojada con tu hijo y no pudiste castigarlo porque dijo o hizo algo que te hizo reir? Y si hay un momento de tensión en tu familia podemos usar un poquito de humor para relajarlo. La ventaja de un grupo de discusión es que podemos comprender que nuestros propios hijos no son los peores del mundo. Así que ¡dejemos de quejarnos tanto y empezemos a reirnos un poco! Un buen atributo para criar niños es el poseer un buen sentido del humor.

Quizás el área más difícil de la comunicación con nuestros hijos es la disciplina. La buena disciplina incluye algo más que la desaprobación y el castigo por el mal comportamiento. También incluye la aprobación y la recompensa por el buen proceder. Los sicólogos enfatizan que muchos adultos con problemas de personalidad muy pocas veces recibieron elogios cuando fueron niños. Pero eso sí, sus faltas fueron indicadas y muy recalcadas.

EL QUE OFENDE A UNO DE ESTOS PEQUEÑOS

La confianza de un niño es edificada poco a poco. Debemos asegurarnos que la disciplina que utilizamos comunique interés y preocupación y no rechazo; y esta diferencia puede ser fatal para su autoestimación y su sentido de valor. Escucha la enseñanza de Cristo: *"Al que tiene, le será dado y tendrá más"* (Mateo 25:29). El niño que tiene un sentido de mérito trabajará para validar esta confianza, mientras que el niño que siente que tiene poca importancia pensará que lo que hace no importa y tampoco estará contento con ideales normales, comunes y corrientes.

Como un ejemplo, el Dr. Ginott menciona en su libro *Entre Padre e Hijo,* que el niño que está constantemente criticado como "torpe" aceptará este papel (porque su propia madre debe saber mejor), y el será aún más torpe. Otro ejemplo es el de la madre que habla de su niño que es muy inquieto en el culto. Probablemente no se quedará más quieto en el futuro, puesto que cree que su madre espera que sea inquieto.

LA LEY DE LAS PAPAS FRITAS FRÍAS

Cuando un niño necéa y se pone insoportable e inmediatamente recibe nuestra atención, eso es un ejemplo de la" ley de las papas fritas frías". Generalmente un niño prefiere una papita fresca y caliente; pero si no la consigue, una fría es mejor que nada. Del mismo modo, un niño **prefiere** tu atención y **aprobación** . Pero si la única forma de tener tu completa atención es neceando, aquella **atención** es mejor que nada.

Hay un principio básico de que el buen comportamiento traerá buenos resultados. Si tu hijo está comportándose mal y lloriqueando, de alguna forma él está recibiendo una recompensa por su modo de actuar. No dejes que le agrade. Cuando lloriquea asegúrate de **no** recompensarle *más* que cuando está hablando normalmente. Pero la solución no es solamente dejar de regañarle por su mal proceder. Debemos balancear entre una buena recompensa por un buen comportamiento o el castigo por la mala conducta.

En su libro, **Atrévete a Disciplinar** , el Dr. James Dobson se apoya mucho en las recompensas y el castigo para enseñarle al niño a ser disciplinado. El libro ha sido muy bien recibido. El Doctor Dobson utiliza mucho los principios de la Biblia en él, y está siendo recomendado para todo padre cristiano.

VOLVIENDO AL CASTIGO

No debemos olvidarnos de que Dios nos hizo, nos conoce íntimamente, y Él basó todo el mundo en un sistema de recompensa y castigo eternos. Al castigar a un niño cuando se comporta mal, es una parte integral de comunicarle nuestro **amor.** Una de las historias más tristes de Antiguo Testamento es la del viejo sacerdote Elí que pasó su vida entera sirviendo a Dios, pero perdió a sus hijos porque *"no los había estorbado"* (I Samuél 3:13). El rey David fue criticado porque *"nunca le había entristecido (a su hijo) en todos sus días diciéndole: ¿Porqué haces así?"* (I Reyes 1:6). Como resultado, este hijo se levantó y trató de traicionar a su propio padre. En ninguno de estos dos ejemplos los niños recibieron la disciplina necesaria; y en ambos casos crecieron aborreciendo a sus padres.

Han sido presentados muchos argumentos **en contra** del castigo físico. Son tantos que ha llegado a ser un área de mucha preocupación para muchos padres. ¿Pueden los sicólogos estar equivocados cuando dicen que las nalgadas matarán el espíritu de un hijo y dañarán su individualidad? ¿Puede una buena dosis de amor anular la necesidad de la disciplina? ¿Sentimos que hemos fallado cuando nos rendimos a la idea de **razonar** con el niño y le damos unas nalgadas?

Esta es una pregunta que todo padre debe confrontar. Pero es un problema que no necesita de nuestra propia sabiduría para contestarla, porque Dios supo de antemano esta necesidad y nos dio instrucciones específicas al respecto. La próxima vez que dudes, lee de nuevo los siguientes versos:

"Castiga a tu hijo en tanto que hay esperanza".
(Proverbios 19:18)

"No rehúses corregir al muchacho; porque si lo castigas con vara no morirá, y librarás su alma del Seol".
(Proverbios 23:13-14)

"Porque el Señor al que ama, disciplina, y azota a todo el que recibe por hijo. Si soportáis la disciplina, Dios os trata como a hijos; porque ¿qué hijo es aquél a quien el padre no disciplina? Es verdad que ningún tipo de disciplina hasta el presente parece ser causa de gozo, sino de tristeza; pero después da fruto apacible de justicia a los que en ella han sido ejercitados" (Hebreos 12:6, 7, 11).

Dios advirtió en varios versículos, como en I *Corintios 1:25* , que habría conflictos entre la sabiduría del hombre y la de Dios. *Proverbios 14:12* indica que "hay camino que al hombre le parece derecho; pero su fin es camino de muerte". Aún el Dr. Spock admite con mucho remordimiento que su primer consejo, en su famoso libro-guía para criar niños, de no castigar a los hijos resultó en malas consecuencias para muchos padres e hijos.

"Dar o no de nalgadas". "Palmear o no palmear". No es nada más que un área entre muchas donde podemos respirar con alivio, olvidémonos de otros puntos de vista, sigamos creyendo que Dios es quien sabe mejor. Todos hemos visto a niños indisciplinados en almacenes y restaurantes causando mucha verguenza a sus madres. Cuanto más trata la madre de razonar con dulzura, más rebelde se ponen los niños. Pero Dios nos amonestó cuando escribió.

"La vara y la corrección dan sabiduría; mas el muchacho consentido avergonzará a su madre. Corrige a tu hijo, y te dará descanso, y dará alegría a tu alma" (Proverbios 29:15-17).

¿QUIÉN ES EL QUE MANDA AQUÍ?

Si le mandas algo a tu hijo, díselo con confianza, sin dudar de ¡su obediencia! No mires con temor a ver si va a desafiarte. Demasiadas veces los padres vacilan al corregir a sus hijos en público por el temor de que éstos no respondan y desobedezcan, mostrando la falta de control de los padres. Con la desobediencia, hay que reaccionar **inmediatamente** — ¡rápido y duro! No castigues por accidentes o errores. Pero la desobediencia es intolerable. Como escribe el Dr. Dobson:

"Has dibujado una línea en la tierra, y el niño la ha cruzado deliberadamente. ¿Quién va a ganar? ¿Quién está encargado aquí? Si no contestas estas preguntas definitivamente para el hijo, el presentará otras batallas planteando las mismas preguntas una y otra vez".

Es para el beneficio de todos—el tuyo, el de la comunidad, y aun más para el del hijo— que aprenda a respetar la autoridad. La reacción de un niño a la autoridad paternal es una anticipación de cómo va a reaccionar ante toda autoridad—incluyendo la de Dios. el respeto a la autoridad es tan importante para Dios, que en *Deuteronomio 21:18-21* manda que al hijo rebelde y desobediente se le saque de la ciudad para ser apedreado. Nosotros los padres, podemos aprender mucho del trato de Dios hacia los hijos suyos. ¿Recuerdas cuando Dios le anunció a Moisés que no iba a entrar en la Tierra Prometida? Fue por una razón tan pequeña. Pero aquella cosita fue un acto de desobediencia, y Dios sabía que Moisés necesitaba aprender la obediencia. A pesar de los ruegos de Moisés, Dios se mantuvo firme. Y en *Deuteronomio 3:26* finalmente le dijo: *"Basta, no me hables más de este asunto''.*

El disciplinar efectivamente a un niño requiere de una madre muy disciplinada. Por ejemplo, si dices: "Si haces esto una vez más...", tienes que estar preparada para levantarte y cumplir la amenaza. Se requiere mucho más amor para decir "no" que ceder ante un niño en lo que no conviene.

¡VIVA LA BRECHA DE GENERACIONES!

Cuando todo está dicho y hecho, los padres deben ser padres y no hijos. La diferencia entre dos generaciones es apropiada y saludable. Habrán **unas** miradas de martirio y **unas** puertas cerradas, pero los hijos necesitan de nuestra firmeza para sentirse seguros y salvos. Y no debemos eludir esta responsabilidad. La disciplina es algo que **hacemos** por los hijos y no algo en **contra** de ellos.

Como parte de nuestra disciplina, necesitamos comunicarles el sentido de responsabilidad. Hoy en día no hay la árdua tarea de recolectar leña, pro debemos encontrar formas para que nuestros hijos puedan contribuir a suplir las necesidades de la familia. Pocas veces valoramos lo que no nos cuesta, y los hijos que no contribuyen con las tareas en la casa no tienen lealtad hacia la familia.

Alguien dijo: "La prosperidad ofrece más peligro al carácter que la adversidad". Cuando a los niños se les da todo lo que quieren y poco se les requiere, suponen que la misma existencia fácil seguirá para siempre. Luego ven con gran sorpresa que no es así. Dios dijo, "Si alguno no quiere trabajar, tampoco coma". (II Tesalonicences 3:15). Y esta amonestación es muy cierta. Salomón la entendió y escribió, "Dulce es el sueño del trabajador" (Eclesiastés 5:12). En cuanto al trabajo, probablemente es más fácil "hacerlo nosotras mismas"; pero no debemos robarles a nuestros hijos la satisfacción de haber realizado una buena tarea.

DIOS NO CREO A UN DON NADIE

El respeto es otra cualidad que debemos comunicarles a nuestros hijos. El pequeño que pone los pies en los muebles cuando va de visita y el adolescente que roba en la tienda, ambos le están faltando el respeto a los demás. Pero también lo **hace** la madre que habla bruscamente por el teléfono o que critica a los compañeros de sus hijos sin conocerlos bien.

El respeto desarrolla un conocimiento de que **cada** individuo es un hijo de Dios, y como tal, una persona valiosa. Dios no gastó su tiempo creando a un "don nadie", y debemos enfatizarles esto a nuestros hijos. No podemos juzgar a otros por su oficio, ni su educación, ni su apariencia. La verdad es que no es nuestra responsabilidad el juzgar a nadie. Y debemos cuidar que no caigamos en la rutina de criticar a los demás.

Los niños no nacen con la capacidad de menospreciar a otro a sus espaldas y hablar cordialmente en su presencia. Como va el dicho, "El niño que crece entre la crítica será un criticón". Y es muy difícil respetar a las personas si les criticamos los hechos y motivos. El criterio de hace 2.000 años de "hacer a otros lo que queráis que hagan con vosotros" (Mateo 7:12) es sencillo pero eficaz para comunicarles a nuestros hijos la necesidad e importancia del respeto.

¡A BOTAR LOS HUESOS SECOS!

Debemos también comunicarles a nuestros hijos un optimismo por la vida. Hay el peligro de que las frustraciones de nuestro tiempo produzcan niños melancólicos y pesimistas. Cuando nosotras criticamos al gobierno, a la iglesia y al colegio, los niños se contagiarán de la misma actitud. Con horror, les encontraremos a ellos criticando al gobierno, a la iglesia y al colegio. ¿Y aun nos preguntaremos por qué son tan criticones? *Proverbios 17:22* dice que "el corazón alegre constituye buen remedio; mas el espíritu triste seca los huesos". Si hay algún hueso seco en nuestro armario, ¡hagamos una limpieza completa para después redecorarlo con los accesorios de amor, gozo y paz!

Seremos sabias también si les comunicamos a nuestros hijos la necesidad de la humildad. La madre sabia admite su error. Le duele un poco. El orgullo es un punto sensitivo. Pero nuestra humildad será bien recompensada. La falla en mantener una imagen de perfección es que algún día tu hijo te descubrirá una falta. Y si viene de sorpresa, quizá reaccione mal y descarte tus enseñanzas cuando vea destruida tu imagen infalible. Es esta área de terquedad en los padres la que puede llevar a los adolescentes a tachar a los adultos de hipócritas. Pero si nuestros hijos nos oyen admitir el error, aceptar la culpa y pedir en oración el perdón y las fuerzas de mejorarnos, este problema de comunicación no llegará.

TRADICIONES FAMILIARES

El oficio de ser madre lleva tiempo—¡y mucho! Habrá tiempo en el futuro para mantener la casa inmaculada, las organizaciones, y las causas que claman por nuestro tiempo y atención. Pero nunca podremos volver a criar y educar a nuestros hijos (Mateo 26:11b). Ojalá nunca tengamos que decir de nuestros hijos: "Y mientras tu siervo estaba ocupado en una cosa y otra, el hombre desapareció". (I Reyes 20:40a).

Se requiere de un momento para decir un halago de las flores silvestres y casi marchitas que tu hijo te trajo y buscar un florero para ellas. Pero esta apreciación le ayudará a crecer con confianza y seguridad. Y necesitará esta confianza algún día para defender su fe y convicciones.

Lleva tiempo empezar las tradiciones de la familia que hacen gozar tanto a los niños, asi como en Colombia, al preparar la "natilla" y compartirla con los vecinos. Pero nosotras las madres necesitamos fomentar estos momentos para crear una base sólida de identidad. El hijo necesitará de fuertes lazos familiares para asegurarse de que él le importa a alguien y que este alguien será ofendido si él hace el mal, y a la vez orgulloso si hace el bien. Cuando vengan los problemas, como al hijo pródigo (Lucas 16:11-32), ¡pensará en casa y querrá regresar!

SE BUSCA ALBAÑIL DE TIEMPO COMPLETO

El capítulo anterior trató de la comunicación con nuestros hijos acerca de Dios y éste lleva el título, "¿Qué les comunicas a tus hijos acerca de la vida", mostrando asi que no puede haber una separación entre Dios y la vida. Dios debe ser una parte integral de nuestra vida. El juez Leo Blessing escribió: "Las fundaciones del carácter son edificadas no por predicaciones, sino por los adobes del buen ejemplo que se colocan día tras día". Tu propia vida es la respuesta de lo que comunicas a tus hijos.

Nosotras las madres debemos orar y estudiar continuamente para que nuestra influencia sobre nuestros hijos sea más sabia y fuerte que la del mundo que les rodea. Irene Mattox dijo una vez: "Cuando Dios me dio los hijos, no me dio barro para moldear sino mármol para labrar. Y cuando terminé, sentí que tenía algo de mucho valor".

El mundo no es un vacío en el cual se quedará flotando un niño pacientemente hasta que se inicie su educación. Si **nosotras** no los formamos, **nadie** lo hará. Entonces: ¡Manos a la obra!

ROMPIENDO EL HIELO: ¿Cuántos años tienen tus hijos? ¿Y cuándo cumplen?

PREGUNTAS PARA FORMENTAR EL DIÁLOGO

1. ¿Cuáles son los recuerdos más gratos de tu niñez en la familia?
2. ¿Cómo te sientes **ahora** por las nalgadas que recibiste de pequeña?
3. ¿Qué formas de disciplina has encontrado eficaces con tus hijos?
4. Enumera algunos comentarios que hacen los padres que puedan ser dañinos para la autoestimación de un hijo.

LLEGANDO AL FONDO

1. Establece quince minutos de quietud diaria—encerrándote en el baño, si es necesario—para meditar acerca de tus actitudes con respecto a la vida y lo que les comunicas a tus hijos.
2. Intenta pasar por lo menos cinco minutos diarios escuchando a cada hijo al acostarlos.
3. Al final de cada día, recuerda los eventos y analiza qué recuerdos estás grabando en tus hijos.

Capítulo 6

"¿QUÉ COMUNICAS A TUS COMPAÑERAS EN CRISTO?

Frases como *"vamos a la iglesia"* son tan comunes que es fácil perder nuestra reverencia hacia el concepto de la iglesia como fue concebida por Dios. Pero cuando nos detenemos para pensar que el Gran Sabio, quien formó el mundo y toda su complejidad, culminó su trabajo con la iglesia (Efesios 3:9-11), comenzamos a entender que, quizá, nuestra apreciación de iglesia sea demasiado superficial. Trata de captar la emoción de Juan cuando la iglesia le es revelada en el Libro de Apocalipsis.

*"Vino entonces a mí uno de los siete ángeles que tenían las siete
copas llenas de las plagas postreras, y habló conmigo, diciendo:
Ven acá yo te mostraré la desposada, la esposa del cordero. Y
me mostró la gran ciudad santa de Jerusalén, que descendía del
cielo, de Dios, teniendo la gloria de Dios. Y su fulgor era semejante
al de una piedra preciosísima, como piedra de jaspe, diáfana como
el cristal"* (Apocalipsis 21:9-11).

Nosotros no vamos **a** la iglesia; puesto que **somos** la iglesia. Pero no somos parte de la iglesia como gente común y pecaminosa; no, en el Nuevo Testamento leemos que los que *"fueron bautizados, fueron añadidos a la iglesia"* por el Señor (Hechos 2:38, 41, 47). *Romanos 6:3-7* explica que los que son bautizados, en realidad están repitiendo la muerte y la resurrección de Cristo.

La parte de nosotras que se muere es el ser pecaminoso que fue controlado por Satanás (versículo 6). Ya no somos víctimas desamparadas de nuestra vieja naturaleza carnal (Romanos 8:1-2). En nuestra resurrección en el bautismo, el Espíritu de Cristo entra en nuestra vida (Hechos 2:38) y toma control (Gálatas 2:20). Y así Cristo puede describirnos como "una iglesia gloriosa, que no tuviese mancha ni arruga ni cosa semejante, sino que fuese santa y sin mancha" (Efesios 5:27).

NO SOY YO QUIEN VIVE

El concepto de Dios de una iglesia gloriosa y triunfal es cumplida en nosotras—pecadoras, sí, pero pecadoras que han sido lavadas y ahora controladas por Dios. **Somos** la iglesia, pero no porque seamos más santas que otras, sino más bien porque hemos reconocido que somos pecadoras y hemos venido a Cristo.

*"En él también fuisteis circuncidados con la circuncisión no hecha
a mano, al echar de vosotros el cuerpo pecaminoso carnal, en
la circuncisión de Cristo; sepultados con él en el bautismo, en
el cual fuisteis también resucitados con él mediante la fe en el
poder de Dios que le levantó de los muertos. Y a vosotros, estando
muertos en pecados y en la incircuncisión de vuestra carne, os*

dio vida juntamente con él, perdonándonos todos los pecados, anulando el acta de los decretos que había contra nosotros, que nos era contraria, quitándola de en medio y clavándola en la cruz, y despojando a los principados y a las potestades, los exhibió públicamente, triunfando sobre ellos en la cruz'' (Colosenses 2:11-15).

EN PAZ COMO EN UN RIO

La iglesia no es una vitrina para almas perfectas, sino un hospital para las imperfectas. El comprender esto debe significar dos cosas para nosotras. Primero, debe darnos la consolación y seguridad de saber que la salvación nuestra no depende de nuestra propia virtud ni mérito (I Juan 5:11-13). Mejor dicho, somos salvas por la virtud y mérito de **Cristo.** Somos salvas porque somos parte de Cristo—Su cuerpo, la iglesia (Efesios 5:23; Colosenses 1:18).

Segundo, un mejor entendimiento de la naturaleza de la iglesia debe darnos un sentido de gratitud y humildad que transformará completamente nuestras relaciones hacia nuestras compañeras en Cristo. ¿Cómo podemos criticarnos unas a otras cuando entendemos que nosotras también somos lavadas por la sangre de Cristo? ¿Cómo podemos ser envidiosas cuando posseemos el mayor don de todos, la salvación? Como explica Pablo, cuando nuestro ser pecaminoso es sepultado en el bautismo y sustituido por el Espíritu de Cristo, toda nuestra perspectiva cambia; y los resultados son obvios.

> *''El fruto del Espíritu es amor, gozo, paz, paciencia, benignidad, bondad, fe, mansedumbre, templanza,. . .los que son de Cristo han crucificado la carne con sus pasiones y deseos''* (Gálatas 5:22 y 24).

UNA LECCIÓN DE ANATOMÍA

Y ahora que hemos visto un poco de la imagen ideal de la iglesia como fue diseñada por Dios, examinemos algunas aplicaciones prácticas. *I Corintios 12:12-17* describe a la iglesia como un cuerpo con Cristo como cabeza. Así como en nuestro propio cuerpo la oreja tiene un trabajo y el pie otro—ambos importantes—Dios le ha dado a cada cristiano ciertos talentos que contribuir para el bien del cuerpo completo.

> "(*Somos parte de*) *un cuerpo, un espíritu. . .llamados en una misma esperanza de vuestra vocación. . .pero a cada uno de nosotros fue dada la gracia conforme a la medida del don de Cristo*" (Efesios 4:4-7).

¡Esto elimina el orgullo y la envidia! ¿Cómo podemos estar orgullosas de una habilidad que no es innata, sino dada por Dios? ¿Y cómo podemos envidiar a otra cuando sus talentos no son suyos sino otorgados por Dios, según lo considera mejor para el cuerpo?

Además, nuestro vínculo común en Cristo nos atrae y une unas a otras más que a las hermanas de una familia. Es como si hubiéramos sido adoptadas en una familia grande y cariñosa con Dios como Padre, y con Cristo como hermano mayor (Romanos 8:14-17). ¡Y en realidad, así es!

NINGÚN HOMBRE ODIA A SU PROPIA CARNE

El concepto de la iglesia como cuerpo, con cada miembro diferente pero importante, hace crecer nuestra preocupación por cada uno de nosotros. Cuando nos duele el dedo del pie, no decimos "duele el dedo" sino "me duele el dedo". Debemos sentir lo mismo de nuestras compañeras en el cuerpo de Cristo (Romanos 12:5). En lugar de: "Los Restrepo no han estado en varios domingos", el sentir nuestro nos debe hacer decir: "¿Dónde estarán nuestros amigos los Restrepo?"

Uno de los mayores milagros de la iglesia primitiva fue la habilidad de reunirse como extraños, y de despedirse amándose unos a otros. En efecto, un romano escribió irónicamente: "¡Estos cristianos se aman antes de conocerse!" En nuestra lucha por restaurar el cristianismo del Nuevo Testamento debemos asegurarnos de no haber olvidado el amor que los primeros cristianos sentían unos hacia otros.

TODOS NECESITAN DE ALGUIEN

Pero este amor no viene por accidente. El amor "ágape" del Nuevo Testamento no espera un sentimiento emocional y fraterno antes de amar a una compañera en Cristo. Mejor dicho, es una victoria contra la timidez y el egoísmo que nos hace estrechar en amor a todas. Debemos hacer el bien, **no cuando nos guste,** sino "según tengamos oportunidad" (Gálatas 6:10).

Uno de cada cinco estadounidenses se traslada cada año de una ciudad a otra, y este cambio se refleja en la iglesia. ¿De veras te esfuerzas para comunicarles amor a los nuevos cristianos que vienen a la comunidad? ¿Cuántas veces recordamos incluir a las viudas y solteras de la hermandad? ¿Y qué hay de las familias con menos recursos que tendrán un estilo de vida y hasta formas de limpieza diferentes de las nuestras? (Santiago 2:1-3). ¡Si tu talento no es nada más que ser amistosa, no has vivido en vano!

VENGAN A LA CASA

La bella costumbre de invitar a los amigos a comer va disminuyendo, pero no hay mejor forma de conocer a un hermano en Cristo. Un "¿cómo estás?" en el domingo nos da muy poca oportunidad de conocer bien a otros miembros del cuerpo. Pero, ¿cómo podemos "llorar con los que lloran y gozar con los que se gozan" (Romanos 12:15), cuando no tenemos idea de lo que hay detrás de la fachada dominical—si lloran o gozan? No hay persona que sea tan autosuficiente que no pueda necesitar de una amiga.

No podemos dejar que nuestros asuntos nos mantengan tan ocupadas que no tengamos el tiempo de amarnos unas a otras. A menudo es el falso orgullo que no nos impide invitar a nuestros hermanos a la casa. Después de todo, ¿cómo puedes invitarles cuando la casa está en desorden y no tienes nada que ofrecerles? ¡Cómo se vería! Pero *Romanos 12:13* nos recuerda que el amor incluye "compartir para las necesidades de los santos y practicar la hospitalidad".

SOSTENIÉNDONOS UNAS A OTRAS

Describir a la iglesia como un cuerpo también nos ayuda a entender nuestra responsabilidad de darnos ánimo y apoyo unas a otras. Si nuestro cuerpo físico tuviera un accidente y una pierna se paralizara, todos los otros miembros se unirían para ayudar a salvar al miembro inútil. Ninguno estaría a favor de amputarlo sin un esfuerzo total por salvarlo primero.

Pero quizá ésta sea una de las áreas más olividadas de la comunicación en la iglesia.

Hebreos 3:13 nos manda: "Exhortaos los unos a los otros cada día". Pero en toda tu conversación con tus hermanas en Cristo, ¿qué parte de tu conversación está basada en la exhortación a la mejor vida cristiana? *Santiago 5:16* nos anima: "Confesaos vuestras ofensas unos a otros, y orad unos por otros". Es difícil saber exactamente por qué, pero nos sentimos incómodas para hacerlo. Dios no lo habría pedido si no hubiera sido para el bien de uno. Tal vez cuando hablamos de nuestro pecado estamos obligadas a aceptar que existe (I Juan 1:8), lo cual es el primer paso para corregirlo. O tal vez contarle a otra persona **nuestra** lucha le dará ánimo a ella en **su** lucha—y también nos ayudará a nosotras con la nuestra. Es como cuando empezamos una dieta. Si todas lo saben, no puedes comer torta con las otras hermanas. La confesión también nos ayuda a quitar el falso orgullo y nos despega de nuestra propia rectitud para que luego podamos entender las flaquezas de los demás.

RESTAURADLE

> *"Hermanos, si alguno fuere sorprendido en alguna falta, vosotros que sois espirituales, restauradle con espíritu de mansedumbre, considerándote a ti mismo, no sea que tú también seas tentado. Sobrellevad los unos las cargas de los otros, y cumplid así la ley de Cristo"* (Gálatas 6:1-2).

Otro aspecto difícil de nuestra comunicación entre hermanas en Cristo concierne a la ayuda para una hermana si la vemos en error. ¿Cuántas veces hemos charlado con alguien cuando sabemos que está en peligro por razón del pecado? Recuerda, el amor ágape no es indulgente; mejor dicho, hace lo mejor por la otra (Hebreos 12:6).

Casi podemos oír la súplica en la voz de Juan cuando nos amonesta:

> *"Amados, amémonos unos a otros; porque el amor es de Dios. Todo aquel que ama es nacido de Dios. . .pues el que no ama a su hermano a quien ha visto, ¿cómo puede amar a Dios a quien no ha visto"?* (I Juan 4:7, 20).

El retirarle la fraternidad a un hermano o hermana en pecado debe ser el retiro de un privilegio que el miembro infiel debe sentir mucho, y a la vez debe ser un gran impulso para que regrese a la iglesia. Pero de hecho, muchas veces el miembro débil ya se ha retirado de nosotras.

Aunque debemos dirigirnos a tal situación con humildad y mansedumbre, el amor genuino no puede ser ciego. Referente al ejemplo del cuerpo, si el cerebro ve la mano acercarse al fuego, no lo pensará dos veces sino que la retirará inmediatamente.

CUANDO YA NO HAY CHISMOSAS

Tampoco la lengua condenará a la mano por ser tan tonta como para acercarse al fuego. Considera la exhortación de *Santiago 1:26:*

> *"Si alguno se cree religioso entre vosotros, y no refrena su lengua,*
> *sino que engaña su corazón, la religión del tal es vana".*

También en capítulo 4, versículo 11, Santiago nos advierte: "No murmuréis los unos de los otros". La mujer en especial tiene cierta habilidad para el chisme "inocente". Nunca pensaríamos en atacar abiertamente a una hermana. Somos demasiado buenas para esto. Pero a veces insinuamos indirectas en nuestras conversaciones, escondidas detrás de una sonrisa preocupada. En nuestra forma de pensar, no nos parece justo que Dios haya colocado a los murmuradores en la misma categoría que los "fornicadores y aborrecedores de Dios" (Romanos 1:29-30). Pero Dios puede ver más allá del pecado—Él puede ver el corazón, y sabe que uno es tan peligroso como el otro.

Y SABRÁN QUE SOMOS CRISTIANAS

Cuando empecemos a amar como debemos, tendremos algo que compartir con el mundo. Los cristianos, amándose como deben, no necesitarán un progama especial del evangelio personal. La gente rogará poder participar en esta ¡clase de hermandad! Como dice John Allen Chalk, "No tenemos nada que ofrecerle al mundo sino teoría hasta que la iglesia verdadera sea una realidad".

La iglesia no es como una gran cadena de restaurantes donde se sirve, se paga y se sale. A pesar del tamaño de tu congregación, tu comunicación es necesaria. Cuanto más grande es la familia, más trabajo hay que hacer.

¿Recuerdas en el capítulo 1 que la definición de la comunicación es algo en común entre dos personas? La iglesia puede ser una definición de la comunicación—porque consta de personas que se aman por el vínculo común en Cristo. Mientras más eficaz, sea nuestra comunicación con nuestras compañeras en Cristo, más rápido crecerá la iglesia.

> *"Oigo del amor y de la fe que tienes hacia el Señor Jesús, y para con todos los santos; para que la participación de tu fe sea eficaz en el conocimiento de todo el bien que está en vosotros por Cristo Jesús"* (Filemón 5-6).

ROMPIENDO EL HIELO: una por una, describan su himno preferido.

PREGUNTAS PARA FOMENTAR EL DIÁLOGO

1. ¿Es una señal de madurez o falta de madurez el necesitar a nuestro prójimo?
2. ¿Qué miembros de la iglesia son más olvidados en tu círculo de amistades, y cómo puedes remediarlo?
3. La siguiente es una actividad para entrenar la sensitividad. Por turnos, todas menos una, formen un círculo mirando hacia adentro y con los brazos en cadena. La persona que está fuera del círculo debe tratar de juntarse con el grupo. Compara esto a la sensación de una persona sola que, sin estar incluida, mira reírse de las demás.
4. Si te has trasladado a una nueva ciudad con varias congregaciones, ¿cuáles requisitos influyeron en tu decisión de dónde colocar tu membresía y brindar tu apoyo? Usa estos factores para mejorar a tu propia congregación.
5. ¿Cómo te sentías cuando te reunías por primera vez en la asamblea? Haz una lista de al menos cinco formas diferentes que podamos utilizar para ayudar a los visitantes y a los nuevos cristianos a sentirse más en casa.

1. Haz una lista de tres familias que quisieras conocer mejor. Ahora haz una lista de tres que **necesitas** conocer mejor. Ahora, marca en tu agenda una noche de cada semana o mes e invítalas a tu casa.
2. *Lee I Corintios 13* una vez al día durante la próxima semana y encuentra formas sutiles de aplicar lo que has descubierto.
3. Escoge a un ''héroe desconocido'' de tu congregación y escríbele una nota de agradecimiento—hazlo esta semana.
4. Si tu congregación nunca ha tenido un retiro espiritual para las mujeres, considera la posibilidad.

Capítulo 7

¿QUÉ LE COMUNICAS A TU VECINA?

¡Sería my difícil ser la esposa del presidente de la nación! Ella tiene que cuidar cada palabra y hecho, porque ella está siempre en la vitrina pública. ¡Pero la cristiana está también en esa situación! En el sermón del monte, Cristo nos describió como "luces en el mundo" y "una ciudad que no puede esconderse" (Mateo 5:14). Esta luz es más brillante en nuestra vecindad.

En el culto nos comportamos de lo mejor. Lejos de casa la mayoría de la gente no nos observa tanto. Pero al llegar a casa y relajarnos, nuestros vecinos nos miran. Y porque profesamos ser cristianas, nos miran muy cuidadosamente. Alguien ha escrito:

"Cada acción de nuestra vida toca una cuerda que vibrará hasta la eternidad".

Esto nos obliga a reflexionar, pero debe prevalecer en todo lo que hacemos. Pablo expresó esto cuando escribió: "Porque ninguno de nosotros vive para sí" (Romanos 14:7). Nuestro barrio provee el campo perfecto para practicar el amor (I Juan 3:18). Santiago 2:8 resume nuestro deber cristiano diciendo que por medio del amor hacia el prójimo cumplimos con la ley del rey. . .y bien hacemos.

Conocemos el mandato en Lucas 10:27 de "amar a tu prójimo como a ti mismo". Y sabemos que el amor debe ser una marca distintiva del cristianismo. ¿Pero sabías tú que el mismo mandamiento fue dado primero a los Israelitas en Levítico 19:18? Tal vez diferenciamos demasiado entre la ley antigua y la nueva en cuanto al amor al prójimo, pues es algo que **Dios siempre** ha querido. Caín fue marcado y maldito para siempre cuando dijo con dureza: "¿Soy yo acaso guarda de mi hermano?" Los libros del Antiguo Testamento de Éxodo, Levítico y Deuteronomio están llenos de ejemplos específicos de cómo tratar al prójimo. ¿Cómo se aplica esto a nosotras hoy?

NO TENGO TIEMPO

¡La mayoría estamos tan ocupadas que ni siquiera conocemos a nuestros vecinos! ¿Pero puedes imaginarte a Pablo viviendo al lado de una familia por más de un año sin saber siquiera su nombre? Estoy segura de que en menos de una semana él habría encontrado la forma de conocerlos y hablarles de Cristo. ¿O puedes imaginar al apóstol Juan gritándoles a los hijos de los vecinos porque hacían demasiada bulla? Todas sabemos que el cristianismo no es sólo para los domingos. Pero muchas veces se nos olvida aplicarlo a las situaciones diarias con los vecinos.

¿Qué opinión tienen de tí los vecinos? ¿Eres conocida como la señora enojona a quien no le gusta que los niños dañen sus matas? ¿O la que tiene el patio donde todos los niños pueden jugar? En una emergencia, ¿vendría tu vecina (no tu amiga, sino la **otra)?** ¿Pensaría en ti? ¿Serías un huracán o un viento suave si algún niño te rompiera un vidrio? ¿Infundes como cristiana seguridad a tus vecinos para que puedan contar contigo sabiendo que vas a reaccionar con paciencia y amabilidad?

NO OFENDAS NI DE PALABRA

Los vecinos son como familia, pues a veces sentimos que podemos rebajar nuestra diplomacia con ellos. Pero esta debilidad pone a prueba la paciencia y a veces la lleva más allá de lo que es prudente. ¿Vale la pena quejarte del perro que ladra si pierdes la oportunidad de hablar del evangelio a tu vecino? Si lo que pienso decirle a mi vecino limita la oportunidad de hablarle más tarde de su alma, es mejor no decir nada.

> *"El necio da rienda suelta a toda su ira, Mas el sabio al fin la sosiega"* (Proverbios 29:11).

Debemos ponernos a orar antes de entrometernos y soltar la lengua. En lugar de contar hasta diez, repite estas palabras, "Todo lo puedo en Cristo que me fortalece" (Filipenses 4:13), para obtener paciencia y dominio propio. ¡Recuerda, tus vecinos saben que eres cristiana! Cualquiera puede ser amable cuando todo marcha bien (Mateo 5:46), pero tus vecinos juzgarán tu religión por la forma en que reacciones ante las dificultades.

> *"Haced todo sin murmuraciones y contiendas, para que seáis irreprensibles y sencillos, hijos de Dios sin mancha en medio de una generación maligna y perversa, en medio de la cual resplandecéis como luminares en el mundo; asidos de la Palabra de vida. . ."* (Filipenses 2:14-16).

DONDE MAS DUELE

Los problemas de la comunidad a menudo se concentran en los hijos. ¡Nunca debes subestimar al diablo! El conoce las áreas más débiles de nuestro ser, y tiene la astucia de darles pinchazos en el momento preciso (I Pedro 5:8). Satanás sabe que si puede conseguir que la vecina critique a tu hijo, es posible que tú pierdas el control y le contestes bruscamente. Aun Moisés cayó en esa trampa, porque la Biblia dice: "Porque hicieron rebelar a su espíritu y habló precipitadamente con sus labios" (Salmo 106:33). Si tratas de responder a la ofensa, el diablo sabe que habrá una excelente posibilidad de cerrar la puerta permanentemente contra la oportunidad de convertir a tu vecina. Espera hasta calmarte antes de ir a hablar con tu vecina, porque:

> *"El hermano ofendido es más* **tenaz** *que una ciudad fuerte, y las contiendas de los hermanos son como cerrojos de alcázar"* (Proverbios 18:19).

LA SEGUNDA MILLA

Tal vez la enseñanza más práctica referente a los vecinos es la práctica religiosa "de la segunda milla" descrita por Jesús en *Mateo 5:38-42*. En esta lección, Cristo enseñó que "no resistáis al que es malo; antes a cualquiera que te hiera en la mejilla derecha, vuélvele la otra". En otras palabras, no podemos responder con algo descortés acerca del hijo de la vecina simplemente porque ella dijo algo malo del nuestro. Dios nos advierte:

> *"Nunca respondas al necio de acuerdo con su necedad. Para que no seas tú también como él"* (Proverbios 26:4).

Jesús sigue diciendo: "Al que quiera ponerte a pleito y quitarte la túnica, déjale también la capa". ¿No podría esto aplicarse al vecino que construye su cerca seis centímetros dentro de nuestra propiedad? El cristiano que hace pleito como cualquiera demuestra muy poco que vive en una forma superior a la del mundo.

> *"Jehová, ¿quién habitará en tu tabernáculo? ¿Quién morará en tu monte santo?. . .El que no calumnia con su lengua, ni hace mal a su prójimo"* (Salmo 15:1, 3).

Y después Jesús sugiere en *Mateo 5:41-42: "A cualquiera que te obligue a llevar carga por una milla, vé con él dos. Al que te pide, dale; y al que quiere tomar de ti prestado, no se lo rehúses"*. Una buena parte del poder de las enseñanzas de Jesús radica en el hecho de que son dolorosamente prácticas! ¿Puedes ver su aplicación con la vecina que te pide el favor de cuidarle a su hijo más necio o que quiere pedir prestada tu última cebolla? Como cristianas, debemos ir "la segunda milla".

"No digas a tu prójimo: Anda, y vuelve, y mañana te daré, cuando tienes contigo que darle. . .'' (Proverbios 3:28).

MAS DESPACIO Y CON AMOR

Todas estamos tan ocupadas que realmente es difícil convivir con nuestras vecinas como debemos. Es mucho más conveniente retirarnos a nuestras casitas con las ventanas cerradas y disculpar nuestra falta de hablarles de Cristo porque "no nos conocemos muy bien". Pero durante la media hora de una telenovela hay suficiente tiempo para conversar con alguna de ellas para mostrarle que estamos dispuestas a brindar nuestra amistad y que ella nos importa como persona.

Antes que podamos hablar de nuestra fe con una vecina, ella debe sentir nuestra amistad. "El hombre que tiene amigos ha de mostrarse amigo", escribió Salomón en Proverbios 18:24, y en el afán diario, a veces se requiere mucha disciplina para ir despacio y mostrarse amiga.

En *Mateo 19:18* dice: "Ama a tu prójimo como a ti mismo". ¿Pero cómo podemos amar a la vecina si ni siquiera la reconocemos al verla en el mercado? ¿Cómo podemos amar de verdad si desconocemos sus problemas y anhelos? La fe cristiana e indiferencia nunca pueden estar en armonía. La próxima vez que prepares un bizcocho, duplica la masa y lleva uno a la vecina que necesites conocer mejor. No te preocupes. ¡Sin duda se sorprenderá, pero también quedará agradecida e impresionada!

PELIGRO

Pero, ¿qué hay de la vecina que todos conocen? Casi todo barrio cuenta con "la chismosa de la vecindad", y ¡debemos asegurarnos que nadie tenga esa opinión de nosotras! Aparentemente Salomón conocía este problema, porque sus Proverbios están llenos de consejos sobre ello.

"Alborotadora y rencillosa, sus pies no pueden estar en casa". (7:11)

"Las palabras del chismoso son como bocados suaves, y penetran hasta las entrañas". (18:8).

"Como diente roto y pie descoyuntado es la confianza en el prevaricador en tiempo de angustia". (25:19)

"Detén tu pie de la casa de tu vecino, no sea que hastiado de ti te aborrezca". (25:17)

Pablo también da una descripción clara de la chismosa en *I Timoteo 5:13* donde describe a las mujeres que son "ociosas,...chismosas y entremetidas, hablando lo que no debieran". Tomás de Kempis comenta: "¡Es muy infrecuente que pesemos al vecino con la misma balanza que usamos para nosotras mismas!" ¿Somos culpables de acusar a los niños de la vecina de **ser** necios mientras que a los **nuestros** los llamamos "inquietos"? *Mateo 7:2* nos indica que el juicio que nosotras usamos será la misma medida que Dios usará para juzgarnos a nosotras mismas. Entonces, si queremos ser juzgadas con misericordia, debemos proceder con precaución antes de señalar la mota en el ojo de los demás.

SI HUBIERA SABIDO

Salomón nos ofrece un consejo práctico en Proverbios 25:9 donde sugiere: "Trata tu causa con tu compañero, y no descubras el secreto a otro". Si has visto telenovelas, habrás notado que casi todos los problemas son causados simplemente porque una persona tiene un dilema que no quiere contarle a otro.

Un artículo reciente de la prensa ilustra bien esta situación. Una familia compró una casa móvil muy grande que estacionaron en la calle hasta encontrar un lote para alquilar. A los vecinos no les gustó ese estorbo y respondieron llamando a la policía, enviando cartas anónimas y pintando la casa de verde. El dueño de la casa móvil, digustado y molesto dijo: "¡Si sólo nos hubieran venido a decir que no les gustaba les habría explicado que no era permanente; y todo habría terminado bien. Pero ahora no la vamos a quitar de la calle!"

Los problemitas resueltos al principio son mucho menos molestos que cuando han fermentado por algún tiempo. Si una situación te molesta, tal vez también le moleste a la vecina. Ve a hablar con ella. Son pocos los problemas que no se pueden arreglar con un poco de diplomacia y buen humor.

DEJA TU OFRENDA DELANTE DEL ALTAR

Como cristianas, nuestra tendencia es guardarnos ese tipo de problema. Y eso está bien si es solamente un descuido. Pero si el problema afecta nuestra amistad con la vecina, o si sospechas que ella esté lastimada, debes ir directamente a ella para corregir la situación. Mientras tenemos algo en contra del otro, no podemos rendir culto aceptable a Dios (Mateo 5:23-24). Aun más serio es lo que dice *I Juan 4:20: "Si no ama a su hermano a quien ha visto, ¿cómo puede amar a Dios a quien no ha visto?"*

El amor verdadero, el *ágape*, del Nuevo Testamento, es un amor motivado por voluntad propia. No es simplemente un acto emotivo, sino el deseo de buscar y llenar las necesidades de los demás; sean o no dignos de ese amor.

> *"Cada uno de nosotros agrade a su prójimo en lo que es bueno, para edificación..."* (Romanos 15:2).

SEGUN TENEMOS OPORTUNIDAD

¿Cuántas veces hemos sabido de una vecina enferma y dejado pasar la oportunidad de llevarle una olla de sopa o un pastel (Gálatas 6:10)? ¿Cuántas veces ha llegado una nueva vecina y no la hemos invitado a una reunión de la iglesia o a un estudio? Tenemos tanto temor de ofenderlas que no hacemos nada. Pero ¿qué más amor podríamos mostrarles? ¿Nunca te ha dolido escuchar a una vecina decir que se ha vinculado a un grupo de oración porque había buscado algo parecido por mucho tiempo? ¡el diablo sabe que su arma más astuta es hacernos aplazar lo que debemos hacer!

¿Por qué no usas aquella lección bíblica que preparaste para el domingo (que usaste una sola vez) y se la enseñas a los niños de la vecindad un lunes por la tarde? ¿Por qué no usas esa tarde libre que tienes para invitar a alguna vecina a tu casa? O si tuviste un buen estudio bíblico, trata de invitar a un grupo a la casa para un café durante la semana para repasarlo con ellas.

MI NÍTIDO RAYO

No debe de apenarnos el actuar de una manera diferente—¡nuestros vecinos lo esperan! Es cuando actuamos como todo el mundo que ellos se desilusionan. Recientemente cuando nuestro estudio de los miércoles por la noche fue cambiado para los jueves, se lo mencioné a una vecina. Me sorprendió cuando ella respondió con alivio: "¡Cuando les vi en su casa el miércoles, temí que hubieran dejado de ir!" Si nuestros vecinos **no saben** que somos cristianos, debemos arrodillarnos con pena para pedirle a Dios que nos dé oportunidad de compartir nuestra fe con ellas. Y **si saben** que somos cristianas, debemos orar porque nuestro ejemplo sea a semejanza de Cristo.

Cuando habla de ganar almas para Cristo, Pablo nos dice:

> *"Me he hecho a los judíos como judío, para ganar a los judíos; a los que están sujetos a la ley (aunque yo no esté sujeto a la ley) como sujeto a la ley, para ganar a los que están sujetos a la ley. . .a todos me he hecho de todo, para que de todos modos salve a algunos"* (I Corintios 9:20, 22).

¡Una cristiana debe ser la mejor vecina de la manzana! Si el aspecto de la casa hace aparecer fea la cuadra, o si hay basura en la calle frente a nuestra casa, afectará nuestro ejemplo como cristianas.

VÉTE Y HAZ TÚ LO MISMO

La vecina cristiana no tiene que ser la directora social del barrio, pero tampoco debe evitar el contacto con otros. Los apóstoles siempre fueron a las sinagogas de los hebreos porque allí era donde se encontraba la gente que esperaban enseñar. Y nosotras debemos usar el mismo método.

"Nuestros amigos son las personas que **nosotras** escogimos", dijo Stepehen Mill, "pero los vecinos son las personas que **Dios** nos ha dado". En la parábola del "Buen Samaritano", Cristo enseñó que toda persona es nuestro vecino. Si nuestros vecinos no son cristianos, sabemos que tienen necesidades. Terminada la parábola, Cristo le mandó al joven abogado así: "Véte y haz tú lo mismo". Y esto puede ser el mismo mensaje que Él te esté dando acerca de la señora de al lado. Tal vez el siguiente poema por Mary Carolyn Davies nos ayude a abrir los ojos a las necesidades de nuestros prójimos para que compartamos con ellos el amor de Cristo:

Si hubiera sabido lo que cargabas;
Las tristezas en el silencio de tu cara,
Habría sido más cortés, y más amable,
Habría tratado de hacer más agradable cada, momento,
Te, habría brindado más calor,
Si hubiera sabido.

Si hubiera sabido los pensamientos de pesar que te
afectaban;
(¿Por qué nunca tratamos de entender?)
Habría ofrecido mi amistad,
Y habría dado mi mano,
Habría tratado de hacer tu tiempo más placentero;
Si sólo hubiera sabido.

ROMPIENDO EL HIELO: Puesto que estamos estudiando la vecindad, en turnos, describan la casa de sus sueños.

PREGUNTAS PARA FOMENTAR EL DIALOGO

1. ¿En qué forma puede una mujer cristiana "dejar brillar su luz" (Mateo 5:16) en su barrio?
2. ¿Cuáles son las características que te gustan más en una vecina? ¿Cuáles características no te agradan mucho?
3. Nombra algunas situaciones en las que se puede aplicar el principio de la "segunda milla". ¿Hay un límite para "voltear la otra mejilla?"
4. A nadie le gusta ser entrometida. ¿Cuáles son las guías para distinguir entre mostrar interés y preocupación, y aparentar ser entrometida?
5. ¿En qué forma puede una vecina cristiana actuar como "pacificadora" (Mateo 5:9)?
6. ¿Cómo debemos tratar los chismes del barrio?
7. ¿Por cuáles cosas juzgarán los vecinos nuestra religión?
8. ¿Está justificada una cristiana en una disputa con su vecina? Si la respuesta es que sí, explícate.
9. ¿Cuáles son los problemas que has visto presentarse en tu barrio, y cómo pudieron haberse evitado?

LLEGANDO AL FONDO

1. Escríbete una carta a ti misma describiendo cómo esperas ser cuando seas una anciana.
2. Aprovecha las bendiciones de la madurez espiritual haciendo el esfuerzo de conocer por lo menos a una persona anciana de la congregación.
3. Forma la costumbre de hacer algo nuevo cada día.
4. Para tu programa de hacer algo nuevo. Consigue algunos libros sobre los años de madurez que leer.
5. Inicia un programa de: buena alimentación, de estar activa físicamente y ejercitar la mente, no olvidando ejercitar y alimentar también al alma.

Capítulo 8

¿QUÉ COMUNICAS A LA COMUNIDAD?

En el capítulo anterior tratamos el tema de la comunicación de la mujer cristiana hacia los vecinos. Ampliemos nuestros horizontes y consideremos su responsabilidad más allá de su barrio.

Debemos notar el parecido entre las palabras *''comunicar''* y *''comunidad''*. Eso se debe a que tienen la misma raíz. El hecho de que tu vives en una comunidad implica que alguna forma de comunicación ya ha tenido lugar, ¿qué has comunicado tú?

¿Qué impresión tienes de la vecina que no quiere nada más que atender lo suyo y no meterse en las vidas de los demás? ¿Es justificado su aislamiento por citas como *II Corintios 6:14*, que dice: *''¿Qué compañerismo tiene la justicia con la injusticia?''* ¿Acaso el versículo que dice, *"porque los que son de la carne piensan en las cosas de la carne; pero los que son del Espíritu en las cosas del Espíritu"*, (Romanos 8:5), nos da el derecho a encerrarnos en nuestra casa y olvidarnos de los problemas que afectan a la comunidad?

"DEBAJO DE UN ALMUD"—¡NO!

Veamos algunas citas que tratan el tema de nuestra influencia en la comunidad. Esto nos facilitará entender más claramente la relación que Dios espera de nosotras en este mundo.

> *''No mirando cada uno por lo suyo propio, sino cada cual también por lo de los otros. . .para que seáis irreprensibles y sencillos, hijos de Dios sin mancha en medio de una generación maligna y perversa, en medio de la cual resplandecéis como luminares en el mundo''* (Filipenses 2:4, 15).

> *''Pero ninguno de nosotros vive para sí, y ninguno muere para sí''* (Romanos 14:7).

> *''Vosotros sois la luz del mundo; una ciudad asentada sobre un monte no se puede esconder. Ni se enciende una luz y se pone debajo de un almud, sino sobre el candelero, y alumbra a todos los que están en casa. Así alumbre vuestra luz delante de los hombres, para que vean vuestras buenas obras, y glorifiquen a vuestro Padre que está en los cielos''* (Mateo 5:14-16).

SAL DE TU CAPULLO

El propósito de Cristo al vivir aquí en la tierra fue el de glorificar a Dios (Hebreos 5:5); y esto es también nuestro propósito. Los versículos que acabamos de leer nos muestran que glorificamos a Dios no por las palabras bonitas que hablamos de Él, sino que, le glorificamos mostrándo al mundo las obras buenas que hacemos—porque somos Sus hijos. Si nos encerramos en capullos de indiferencia hacia el mundo, no podemos glorificar a Dios; y viviremos en vano.

Lo primero que Pablo buscaba cuando llegaba a una nueva ciudad no era un lugar tranquilo donde pudiera descansar, sino el mercado o la sinagoga donde encontraría a las personas a quienes iba a predicar (Hechos 17:17). Una de las cosas más importantes que podemos comunicar a la comunidad en que vivimos es el amor de Dios. Leemos en *Salmo 33:12: "Bienaventurada la nación cuyo Dios es Jehová";* y en *Proverbios 14:34* se afirma que *"la justicia exaltará una nación".*

Podemos orar por nuestra nación como lo hizo David en *Salmo 85:1-7.* De hecho, en *I Timoteo 2:1-2* se nos dá el mandamiento de orar: *"por todos los que están en eminencia, para que vivamos quieta y reposadamente en toda piedad y honestidad".*

SOMÉTETE A LAS LEYES

Otra responsabilidad que tenemos ante la comunidad en que vivimos es la de obedecer sus leyes. Esto incluye los reglamentos menores como mantener la velocidad por debajo del máximo, y algunas leyes no escritas de consideración a otros. Debemos reconocer que es la ley y la vamos a cumplir. La única excepción es aquella ley que esté en conflicto con las normas de Dios (Hechos 4:18-19).

En *Romanos 13:1* se nos dice por qué debemos obedecer las leyes del mundo. Todo gobierno es ordenado por Dios; y cuando lo oponemos, nos oponemos también a Dios. Esto nos ayuda a recordar que aunque Jesús vivió en la tierra en un tiempo muy humano y muy corrupto, El no trató de atacar ni destruir al gobierno. Su estrategia siempre fue constructiva: *"Vencer con el bien al mal"* (Romanos 12:21).

ESPADA CONVERTIDA EN ARADO

Los soldados del tiempo de Jesús tenían la costumbre degradante de obligar a cualquier judío que quisieran a llevar su equipaje por una milla.

En vez de condenar a los romanos por esta costumbre, Jesús les enseñó a sus seguidores a cargarlo una segunda milla (Mateo 5:41).

En *Gálatas 3:28* Pablo declara que para Dios no hay *"ni esclavo ni libre"*; pero en el caso de Onésimo, el esclavo fugitivo, Pablo le aconsejó volver a su dueño. En *I Pedro 2:18* se aconseja a los esclavos a respetar y obedecer aun a los amos crueles. Anteriormente, en el versículo 16, los cristianos fueron instados a no usar su libertad en Cristo para desobedecer la ley. Cristo Jesús pagó sus impuestos (Mateo 17:24-17), aunque legalmente, según toda probabilidad, no le era necesario, y nos manda a nosotras hacer lo mismo (Mateo 22:21; Romanos 13:7).

Entonces, la actitud cristiana no es una actitud militante, sino una entrega con amor y buenas obras.

La mujer virtuosa *"alargó su mano al pobre"* (Proverbios 31:20). Y como consecuencia de sus buenas obras, su esposo fue *"conocido en las puertas"* (versículo 23). Dorcas fue lamentada por muchos en su muerte por *"sus buenas obras y limosnas que hacía"* (Hechos 9:36). Verdaderamente el término de *"no involucrada"* no se aplicaba a estas piadosas mujeres.

"PARA ESTA HORA"

A veces nuestra responsabilidad ante la comunidad es la de simplemente estar firmes y hablar en defensa de la justicia. No hay relato bíblico más emocionante que el del justo profeta Elías que confrontó solo a 450 de los profetas malvados de Baal. Les hizo el reto de un desafío entre el Dios verdadero y su ídolo (I Reyes 18:38). El no hablar y dejar al mal tomar ventaja es esconder nuestro talento tanto como lo es el rehusar compartir nuestros bienes (Mateo 25:14-30).

Con facilidad nos subestimamos y decimos: "¿Qué puede hacer una mujer?" Pero ¿qué hubiera sido si Ester no hubiera tenido el valor de hablar y denunciar al cruel Amán? Esas palabras para ella tal vez algún día se apliquen a nosotras: *"¿Y quién sabe si para esta hora has llegado al reino?"* (Ester 4:14).

Recientemente ante un gran grupo de universitarios se dijo un discurso que resultó ser una difamación del cristianismo. De repente una joven que estaba sentada atrás se puso de pie y en temblorosa voz empezó a cantar: *"Estad por Cristo firmes".* Por un rato cantó sola. Pero luego brotó todo el auditorio en canto y la acompañaron centenares de personas que solo necesitaron el ejemplo suyo para inspirarse a defender su fe.

¡A UN LADO, MADALYN MURRAY O'HAIR!

Madalyn Murray O'Hair es el nombre de una mujer atea muy conocida en los Estados Unidos de América. Ella atacó sola la legalidad de orar a Dios en las escuelas públicas. Ante el asombro de muchos, ganó el litigio y la oración en las aulas se anuló.

Si una mujer atea pudo lograr esto, ¿qué puede lograr una mujer cristiana, que cuenta con todo el apoyo de Dios? Considera tu la fe del profeta Elías que comentó con tranquilidad mientras él y su siervo hacían frente a los ejércitos del rey de Siria: *"No tengas miedo, porque más son los que están con nosotros que los que están con ellos"* (II Reyes 6:16). No debemos de dejar de maravillarnos al recordar la promesa: *"Si Dios es por nosotros, ¿quién contra nosotros?"* (Romanos 8:31).

¡CUÁN BUENA ES!

"Y la palabra a su tiempo, ¡cuán buena es!" (Proverbios 15:23). Muchas veces nuestras palabras son dichas, pero no "a su tiempo". Mas bien nuestras palabras son crítica fuera de tiempo. Debemos pensar antes de responder (Proverbios 15:28); y solamente hablar con un "espíritu de mansedumbre" (Gálatas 6:1), pero nunca seremos justificadas si dejamos prevalecer el mal por callar, y no hacer nada.

El versículo *10 de Gálatas 6* nos manda *"Hagamos bien a todos, y **mayormente** a los de la familia de la fe"*. Es claro que, aunque ayudemos especialmente a los hermanos en Cristo, no estamos limitadas a la iglesia. Como cristianas podemos hacer cualquier buena obra dentro de nuestro alcance que no viole las leyes de Dios (Hechos 5:29).

ENFATIZA LO POSITIVO

Si nuestra colaboración con alguna colecta pública de beneficencia o involucrarnos en la política nos permiten hacer alguna buena obra y conocer a nuevas personas para ganarlas para Cristo, ¡debemos ser las primeras en servir! Es triste cuando nuestra fama en la comunidad se relaciona con lo negativo: como **no** donar a sociedades benéficas etc.

Debemos hacer el esfuerzo de crear una buena reputación basada en lo que **sí** podemos hacer para nuestra comunidad y no en lo que **no** haremos.

Entregarse a servicios necesarios en la comunidad, de verdad, no es egoísmo. Theodore Roosevelt dijo: *"Las personas más contentas son aquellos que tocan la vida en el mayor número de situaciones. La gente que sufre es la que tiene apenas un interés en la vida y el destino se lo roba".* Muchas veces el crecer se limita a unos pocos intereses; ¡y el envejecerenos es el resultado del endurecimiento del corazón en vez del endurecimiento de las arterias!

PREPÁRATE PARA EL FUTURO—¡UN DÍA LO VAS A VIVIR!

Nueve de cada diez mujeres serán viudas por varios años. Debemos prepararnos para esta eventualidad y no limitar nuestras emociones. La única diferencia entre el aburrimiento y la muerte es la respiración. Si no estás contenta, no pienses en divertirte—más bien, encuentra una forma de servir! (Hechos 20:35; Mateo 23:11). La persona más feliz es la persona que está comprometida a una causa o a un trabajo ajeno a sí misma.

Así que la Biblia enseña que la mujer cristiana debe ser activa en las necesidades de su comunidad. Pero, ¿cuál fue la advertencia que encontramos en los versículos que leímos al principio del capítulo? Quizá la advertencia está en el hecho de que en todas nuestras actividades diarias no debemos olvidar que nuestra primera lealtad es a Dios (Lucas 16:13); y que nuestro principal propósito debe ser ante todo el de glorificarle (I Corintios 10:31).

¿OTRA VEZ LO MISMO?

Como toda cosa en la vida, a menudo debemos evaluar nuestras prioridades. Esto quiere decir que nuestras actividades en la comunidad, por sanas que sean, no deben interponerse con nuestras responsabilidades hacia Dios, nuestro esposo o nuestros hijos.

Tampoco debemos de caer en la tentación de dar más importancia a la alabanza del hombre que a la de Dios (Juan 12:43). ¿Cuántas veces evitamos hablarle de Cristo a un conocido por temor a lo que piense de nosotras? Pero, realmente es más importante ¡lo que piensa **Dios**!

Cuando nos asociemos con personas no cristianas, debemos evitar que los valores mundanos influyan sutilmente en nuestros valores (Romanos 8:6-10). El diablo tiene una serie de tentaciones bien desarrolladas llamadas *"Conformarse con el grupo".* Aun los discípulos de Jesús cayeron en esta trampa cuando trataron de perderse entre la multitud alrededor de la fogata cuando tuvieron preso a Jesús (Marcos 14:66-72).

Así como la mujer cristiana debe ser la mejor vecina del barrio, de igual manera debe ser una de las mejores ciudadanas de la comunidad. Debe ser conocida como una persona que obedece la ley (Tito 3:1), que paga sus cuentas a tiempo (Romanos 13:8) y que hace su parte del trabajo necesario en la comunidad con buena voluntad (I Timoteo 6:18).

Terminamos nuestro estudio citando dos versículos que son prácticamente un resumen total de nuestra responsabilidad con la comunidad.

> *"Amados, yo os ruego como a extranjeros y peregrinos, que os abstengáis de los deseos carnales que batallan contra el alma, manteniendo buena vuestra manera de vivir entre los gentiles; para que en lo que murmuran de vosotros como de malhechores, glorifiquen a Dios en el día de la visitación, al considerar vuestras buenas obras"* (I Pedro 2:11-12).

ROMPIENDO EL HIELO: Dése oportunidad para que cada una comparta su pasatiempo favorito.

PREGUNTAS PARA FOMENTAR EL DIÁLOGO

1. ¿Cómo interpretas el papel de la iglesia en relación con la comunidad? Apoya tu opinión en las escrituras.
2. ¿Piensas que el concepto de un *"evangelio social"* es bíblico? Si no, explícate.
3. Haz una lista de actividades y organizaciones que te parezcan aceptables para la participación de una mujer cristiana.
4. ¿Cuáles son algunas ventajas de ser activas en la comunidad?
5. ¿Cuáles son algunos de los peligros?
6. ¿Se puede justificar la respuesta: "Estoy demasiado ocupada con la iglesia", para negar nuestra participación en la comunidad?
7. ¿Cuáles son algunos asuntos políticos que tal vez hubieran resultado más favorables si los cristianos hubieran tomado parte en ellos?

8. ¿Hay alguna preocupación política en tu comunidad en la cual, como mujer cristiana, podrías involucrarte activamente?
9. ¿Hay algunas actividades de la comunidad en las cuales pienses que debas participar? ¿Por qué?
10. ¿Cuáles serían los factores en contra y en favor de una mujer cristiana como candidata política?
11. Discute la validez de que la comunidad tenga una buena opinión de la iglesia. ¿Por qué? Y si la respuesta es afirmativa: ¿Cómo podría mejorarse la imagen pública de la iglesia?

LLEGANDO AL FONDO

1. Si te cuesta trabajo encontrar a personas aptas para hablarles de Cristo, escoje algún proyecto en la comunidad que te facilitará la oportunidad de hacer nuevas amistades.
2. Consigna una lista con los nombres y direcciones de tus representantes y senadores, e intenta mantenerte al día de leyes pendientes para escribirles cuando esté en juego alguna cuestión importante que afecte la comunidad.
3. Pregúntate honestamente si eres conocida por tus buenas obras. Si la respuesta es que probablemente no, decídete a hacer un esfuerzo por cambiar tu reputación, recordando siempre hacerlo para honra y gloria de Dios.

Capítulo 9

¿QUÉ LES COMUNICAS A LOS PERDIDOS?

"...Y expresé en privado a los que tenían cierta reputación el evangelio que predico entre los gentiles" (Gálatas 2:2b).

Todas sentimos remordimiento cuando escuchamos sermones acerca de evangelizar. Y regresamos a casa para empezar con los vecinos, pero antes de que se termine la semana nuestras buenas intenciones se han desvanecido. ¿Por qué nos es tan difícil hablarles a otros de nuestra fe?

Usamos muchas disculpas: falta de tiempo, falta de conocimientos, falta de preparación, o falta de oportunidad. Pero quizá la verdadera razón es una falta de confianza en lo que creemos. No es que dudemos de la Palabra de Dios—sabemos que es *la verdad*. Más bien, dudamos de la calidad de nuestro estudio y cómo hemos apropiado las verdades bíblicas en nuestra vida.

Si nuestras vecinas se ven más contentas y más seguras que nosotras, no es de extrañar que nos sintamos inciertas en tratar de convertirlas. Hasta que la persona esté absolutamente segura de sus convicciones y rebose del gozo de esta experiencia no estará lista para compartir su fe con otros. El primer paso en comunicarnos con los perdidos es reafirmar nuestras propias creencias. Empecemos por recordar algunas razones por las cuales la vida cristiana es superior a cualquier otra manera de vivir.

EL CRISTIANISMO REMUEVE LA CULPABILIDAD

Uno de los beneficios mayores del cristianismo es que remueve la culpa. No hay persona que no haya hecho cosas que le dan vergüenza, las cuales recuerda con dolor. Miles han muerto desesperados porque no pudieron soportar más el peso de la culpa. Aunque un siquiatra con experiencia te pueda ayudar a vivir con el complejo de culpa, solamente Cristo te lo puede quitar.

Al leer la confesión angustiada que David escribió después del adulterio con Betsabé, se puede ver la renovación de su espíritu al sentir el alivio del perdón de Dios.

> *"Lávame más y más de mi maldad, y límpiame de mi pecado. Porque yo reconozco mis rebeliones, y mi pecado está siempre delante de mí. Contra ti, contra ti sólo he pecado, y he hecho lo malo delante de tus ojos. . .*
>
> *"Purifícame con hisopo, y seré limpio; lávame y seré más blanco que la nieve. Hazme oír gozo y alegría. . .Crea en mí, oh Dios, un corazón limpio, y renueva un espíritu recto dentro de mí. Vuélveme el gozo de tu salvación, y espíritu noble me sustente"* (Salmo 51:2-4, 7, 8, 10, 12).

¡Y la mujer cristiana tiene este mismo privilegio! Leemos en *Hechos 13:33-39* que por medio de Cristo podemos tener "perdón del pecado" y ser "justificados". Por medio del bautismo nuestros pecados pueden ser lavados (*Hechos 22:16*). El alivio de poder recibir un borrón y cuenta nueva es la mayor bendición de ser cristiana!

EL CRISTIANISMO NOS DA COMPLETA PAZ

Porque hemos sido justificadas, tenemos una segunda bendición: la paz con Dios (Romanos 5:1). Tal vez no hay anhelo más grande en este mundo moderno de afanes que este. Y nosotras tenemos la promesa sencilla de que "ocuparse del espíritu es vida y paz" (Romanos 8:6). El famoso sicólogo Dr. Carl Jung escribió:

> "Entre mis pacientes...no ha habido uno solo cuyo problema al fin no fuese resuelto por una perspectiva religiosa de la vida...Me parece que, paralelo con la pérdida de la vida religiosa, es notablemente más frecuente el aumento de la neurosis".

Jesús dijo lo mismo cuando dijo: "Estas cosas os he hablado para que en mí tengáis paz" (Juan 16:33). Al enseñarnos a "amar al enemigo" (Mateo 5:44), Jesús quitó la necesidad de las emociones destructivas tales como el odio, la envidia y la venganza (I Corintios 6:11); y en su lugar puso "la paz que sobrepasa todo entendimiento" (Filipenses 4:7).

Consideradas todas las posibilidades, probablemente el temor mayor del hombre es la muerte. Pero el miedo principal es la posibilidad de extinción final o de condención eterna. Y la mujer cristiana no tiene que preocuparse de ninguno de estos miedos (Hebreos 2:14-15).

> *"¿Dónde está, oh muerte, tu aguijón? ¿Dónde, oh sepulcro, tu victoria? Ya que el aguijón de la muerte es el pecado. Mas gracias sean dadas a Dios, que nos da la victoria por medio de nuestro Señor Jesucristo"* (I Corintios 15:55, 57).

Solamente el cristiano puede decir "para mí el vivir es Cristo, y el morir es ganancia" (Filipenses 1:21). Es imposible para una persona que no es hijo de Dios entender la preferencia de Pablo por la muerte, a pesar de que viviría un poco más si pudiera enseñarles a los perdidos (Filipenses 1:23-24). Para Pablo, la muerte era la libertad de la prisión para ir a un palacio.

La hija de Dios puede despertar cada mañana y decir con perfecta paz y sencillez: *"Este es el día que hizo Jehová; nos gozaremos y alegraremos en él"* (Salmo 118:24). ¡No existe tranquilizante más eficaz!

EL CRISTIANISMO DA PROPÓSITO A LA VIDA

¿Cuántes veces has escuchado el triste comentario: "Tiene que haber algo más en la vida que ésto?" ¡Para la cristiana lo hay! Como estudiamos la semana pasada, nadie puede estar contento sin un propósito más grande para sí mismo. Y la mujer cristiana está comprometida con la meta más grande y elevada de todas.

Salomón fue un hombre de gran sabiduría y abundantes bienes materiales. Pero gastó una considerable porción de su vida buscando la razón verdadera de la vida. Y al fin de todo, resumió sus resultados con estas palabras:

> *"El fin de todo el discurso oído es éste: Teme a Dios, y guarda sus mandamientos, porque esto es el todo del hombre"* (Eclesiastés 12:13).

La vida cristiana mitiga las presiones de la ambición por luchar para lograr posesiones y poder (Lucas 12:15). Nos provee la Biblia, que tiene la filosofía perfecta para la vida (II Timoteo 3:16-17). También nos da a Cristo, el ejemplo perfecto (II Pedro 2:21). Hay gran consuelo en el saber de que si confiamos en Él y no en nuestro propio conocimiento; "El enderezará tus veredas" (Proverbios 3:5-6).

EL CRISTIANISMO GARANTIZA AMISTADES

Una cuarta ventaja del cristianismo es la garantía contra la soledad. Cuando somos parte de la familia de Dios, adquirimos "amigas instantáneas" en la comunidad cristiana—amistades más estrechas que los propios hermanos (Marcos 10:28-30). Y aun más, nuestro derecho de tener una relación íntima con Dios.

Como rey, David pudo escoger a sus propios amigos. Pero se dió cuenta de que el único amigo en quien siempre podía confiar era Dios.

*"Mira a mi diestra y observa, pues no hay quien me quiera
conocer; no tengo refugio, ni hay quien cuide de mi vida. Clamé
a ti, oh Jehová; dije: Tú eres mi esperanza y mi porción en la
tierra de los vivientes"* (Salmo 14:4-5).

¡Qué grito de desconsuelo! Pero escucha la respuesta que Dios da:
*"No temas, porque yo estoy contigo; no desmayes, yo soy tu
Dios que te esfuerzo; siempre te ayudaré, siempre te sustentaré
con la diestra de mi justicia"* (Isaías 41:10).

Somos consoladas por el conocimiento de que el Espíritu dentro de nosotras le comunicará a Dios hasta los sentimientos más profundos del alma que están más allá de poder nosotras decirlos (Romanos 8:26). También tenemos la seguridad de que no hay nada que suframos que Cristo no entienda, porque "fue tentado en todo según nuestra semejanza...acerquémonos, pues, confiadamente al trono de la gracia, para alcanzar misericordia y hallar gracia para el oportuno socorro" (Hebreos 4:15-16).

EL CRISTIANISMO DA SEGURIDAD

Otra bendición que todos buscan pero que solamente se halla en Jesucristo es la seguridad. Nuestro deseo por la seguridad nos obliga a pagar una porción grande de nuestros ingresos por un seguro de vida. Pero aun el dinero no puede proveer una seguridad verdadera. La mejor póliza de seguros es la que le pertenence al cristiano, y los términos los podemos leer en *Mateo 6:31, 33:*

*"No os afanéis, pues, diciendo: ¿Qué comeremos, o qué
beberemos, o que vestiremos?. . .Mas buscad primero el reino de
Dios y Su justicia, y todas estas cosas os serán añadidas".*

Piensa en todas las preocupaciones y lamentos ("Si solamente. . .") que son anulados por la sencilla promesa: *"Y sabemos que a los que aman a Dios, todas las cosas les ayudan a bien"* (Romanos 8:28). Lo que ocurre, para el cristiano, es lo mejor (Filipenses 4:11). ¡Es una preciosa seguridad!

Una bendición aun más grande que la seguridad física, sin embargo, es la seguridad espíritual. El cristianismo nos permite decir con toda confianza: "Porque yo sé a quién he creído, y estoy seguro que es poderoso para guardar mi depósito para aquel día" (II Timoteo 1:12). Solamente Cristo puede ofrecernos la seguridad completa a pesar de las circunstancias (Hechos 27:25).

EL CRISTIANISMO PROMETE LIBERTAD

Un sexto beneficio del cristianismo que tal vez no se haya considerado es la libertad (Gálatas 4:9). ¡La mujer cristiana no necesita hacer protestas porque ya está liberada! No solamente somos libres del poder del pecado y de la muerte (Romanos 8:2), sino también de las presiones de conformarnos a los requisitos nebulosos del mundo y de la moda.

¿Te has sentido alguna vez como el escritor del Antiguo Testamento: "¡Quién me diese alas como de paloma! Volaría yo, y descansaría!" (Salmo 55:6)? A los hijos de Dios tienen la promesa: "Levantarán las alas como las águilas; correrán, y no se cansarán; caminarán, y no se fatigarán" (Isaías 40:31). ¿No sientes caer las cadenas de la desesperación cuando lees una cita como: "No os conforméis a este siglo. . ." (Romanos 12:2)?

Gálatas 5:1 nos manda: "Estad, pues, firmes en la libertad con que Cristo nos hizo libres y no estéis otra vez sujetos al yugo de esclavitud". Estamos libres de las preocupaciones del mundo. No estamos en competencia con los vecinos. ¿No puedes ver la felicidad que este escape puede dar a la persona que ha estado amarrada a las apariencias y nunca ha conocido la libertad de Cristo?

Cristo derriba por completo los valores que el mundo ha impuesto con unos nuevos pensamientos contradictorios como: "El que quiera ser primero, será siervo de todos" (Marcos 10:44); y "Bienaventurados los pobres en espíritu" (Mateo 5:3). Cristo le advirtió a Marta así: "Afanada y turbada estás con muchas cosas. Pero sólo una cosa es necesaria; y María ha escogido la buena parte, la cual no le será quitada" (Lucas 10:41-42). La vida puede ser sencillamente bella y el cristianismo puede resumirse en esta sola pregunta: "¿Qué aprovechará al hombre, si ganare todo el mundo, y perdiere su alma?" (Mateo 16:26).

EL CRISTIANISMO OFRECE ESPERANZA

Otra ventaja del cristianismo es la dádiva de la esperanza (Romanos 15:4). Los médicos admiten que hay poca esperanza para el paciente que se ha rendido. El suicidio es la respuesta más común a la falta de esperanza, y la palabra "desilusión" es muy frecuente hoy en día. Pero el cristianismo ofrece una esperanza inalterable, descrita por Pablo como "el ancla del alma" (Hebreos 6:18-19).

Jeremías escribió: "Bendito el varón que confía en Jehová, y cuya confianza es Jehová" (Jeremías 17:7). Para la persona no cristiana, el fin de toda esperanza es la muerte (Hebreos 9:17). Pero para el cristiano, la muerte es mejor entendida como el cumplimiento de la esperanza (II Corintios 5:1-6; Tito 1:2; 3:7).

En su descripción de la esperanza culminante del cristiano, Pablo escribió: "Cosas que ojo no vio, ni oído oyó, ni han subido en corazón de hombre, son las cosas que Dios ha preparado para los que le aman" (I Corintios 2:9). En Apocalipsis 21 leemos más acerca de nuestra morada eterna en el cielo y, ¿qué leemos? que:

> "Enjugará Dios toda lágrima de los ojos de ellos; y ya no habrá
> muerte, ni habrá más llanto, ni clamor, ni dolor; porque las
> primeras cosas pasaron. . . El que venciere heredará todas las cosas,
> y yo seré su Dios, y él será mi hijo" (Apocalipsis 21:4, 7).

En su agonía, un ateo muy conocido que estaba a punto de morir gritó: "¡Oh Dios—si hay un Dios—salva a mi alma—si es que tengo una alma!" Como cristianas, podemos decir con confianza y victoria:

> "He peleado la buena batalla, he acabado la carrera, he guardado
> la fe. Por lo demás, me está guardada la corona de justicia, la
> cual me dará el Señor, juez justo, en aquel día; y no sólo a mí
> sino también a todos los que aman su venida" (II Timoteo 4:7-8).

EL CURSO DE RELACIONES PÚBLICAS DE DIOS

Tan pronto como tengamos confianza en nuestra fe y ésta esté lista para el escrutinio de los demás, necesitamos considerar cómo la vamos a presentar. Como una comida especial servida en platos de papel de una bandeja de plata, pierde su atracción, también el evangelio no será llamativo a otros si lo presentamos mal. Así que Dios ha provisto unas guías prácticas para ayudarnos a tener éxito en comunicar nuestra fe a los perdidos.

"YO SÉ QUE ESTÁ ALLÍ"

I Pedro 3:15 nos amonesta: "Estad siempre preparadas para presentar defensa con mansedumbre y reverencia ante todo el que os demande razón de la esperanza que hay en vosotros". Si no hablamos a otros de Cristo porque "no sabemos lo suficiente", debemos caer de rodillas y llorar amargamente, pidiendo a Dios que nos de más amor por su Palabra (Salmo 1:2).

Cualquiera de nosotras podemos podemos tomar una novela y leerla en una semana si estamos interesadas. Pero dejamos a la Biblia llenarse de polvo en la mesa con la disculpa de "no tener el tiempo". Si nos falta conocimiento, es un verdadero problema. Pero es uno que podemos resolver fácilmente.

BIENAVENTURADOS LOS MANSOS

En la segunda parte de *I Pedro 3:15*, se utiliza la frase "con mansedumbre y reverencia". La palabra "mansedumbre" del Nuevo Testamento quiere decir "excluir el yo y subyugarnos totalmente a Dios". Aun Cristo en sus enseñanzas empleó muy a menudo frases como éstas: "Está escrito", "no sé nada por mí solo", y "vine a hacer la voluntad de mi Padre".

La verdadera humildad eliminará toda contaminación de orgullo o vanidad de nuestra enseñanza. Una persona, recordando su propio pecado, es más eficiente en su enseñanza que la que está muy resuelta a señalar los pecados de los demás (Mateo 7:3-4). Esto no quiere decir que debamos evitar el tema del pecado, sino que lo debemos plantear con un espíritu de mansedumbre, recordando nuestras propias faltas.

"Hermanos, si alguno fuere sorprendido en alguna falta, vosotros que sois espirituales, restauradle con espíritu de mansedumbre, considerándote a ti mismo, no sea que tú también seas tentado" (Gálatas 6:1).

UNA RECETA PARA LOS NERVIOS

Si todavía te sientes nerviosa después de prepararte en tu interior y tu exterior para hablar de Cristo con una vecina, recuerda que Moisés también tuvo que vencer sus temores y falta de elocuencia. Cuando le rogó a Dios que enviara a otro para hablar ante el faraón, la respuesta de Dios fue:

"Y Jehová le respondió: ¿Quién dio la boca al hombre? ¿O quién hizo al mudo y al sordo, al que ve ya al ciego? ¿No soy yo Jehová? Ahora pues, vé, y yo estaré con tu boca, y te enseñaré lo que hayas de hablar" (Éxodo 4:11-12).

Romanos 1:16 debe ser de gran estímulo porque nos dice que no es de nosotras el poder de persuasión, sino del evangelio que es "el poder de Dios para salvación". Dios no le permitirá a Su Palabra "volver vacía" (Isaías 55:11). Aunque él nos puede usar para "sembrar" y "regar", es Él quien "dará el crecimiento" (I Corintios 3:6-9). Nosotras somos apenas unos implementos en la mano del maestro jardinero.

DÍGANLO LOS REDIMIDOS

Si estuvieras muriendo de un cáncer doloroso y de repente te aliviaras milagrosamente, no necesitarías ser persuadida a anunciar aquellas buenísimas noticias a todo el mundo. Asímismo, cuando nos damos cuenta de que Cristo nos libra del sufrimiento y de la muerte espiritual, que son el resultado del pecado, debemos sentirnos rebosantes de gozo.

"Porque no podemos dejar de decir lo que hemos visto y oído" (Hechos 4:20).

Cuando los leprosos en *II Reyes 7:9* descubrieron que el enemigo había huido, gozaron egoistamente los beneficios de su descubrimiento por un rato. Pero se dieron cuenta de su error: "No estamos haciendo bien. Hoy es día de buena nueva, y nosotros callamos. . ." Es como proclamó David en Salmo 107:2, "Díganlo los redimidos de Jehová".

Tal vez hemos endurecido nuestros corazones ante la seria admonición: "¿No decís vosotros: Aún faltan cuatro meses para que llegue la siega? He aquí os digo: Alzad vuestros ojos y mirad los campos, porque ya están blancos para la siega" (Juan 4:35). Una cita menos conocida y más comprometedora viene del libro de Ezequiel, y nos debe retar a empezar nuestro servicio desde hoy mismo y no seguir aplazándolo más:

> *"Hijo de hombre, yo te he puesto por atalaya a la casa de Israel; oirás, pues, tú la palabra de mi boca, y los amonestarás de mi parte.*
>
> *Cuando yo dijere al impío: De cierto morirás; y tú no le amonestares ni le hablares, para que el impío sea apercibido de su mal camino a fin de que viva, el impío morirá por su maldad, pero su sangre demandaré de tu mano"* (Ezequiel 3:17-18).

REDIMIR EL TIEMPO

En sus obras Gian-Carlo Menotti escribió que el comienzo del infierno sería la visión a todas las oportunidades perdidas. ¡No es que neguemos a Cristo si alguien nos pregunta, sino que no hablamos cuando se nos presenta la oportunidad! Intentamos disculpar nuestra actitud pensando: "de Él no están interesados", o "me creerán ser un fanático". Pero recuerda lo que dice Cristo:

> *"Porque todo el que quiera salvar su vida, la perderá; y todo el que pierda su vida por causa de mí y del evangelio, la salvará"* (Marcos 8:35).

Cristo convirtió una petición por agua en una oportunidad de hablar con una mujer acerca de la vida eterna. Pablo utilizó su propio encarcelamiento para hablar con algunos de los oficiales más altos de Roma. Cuando Dios cierra una puerta de oportunidad, siempre abre una ventana. Si quieres compartir las Buenas Nuevas de Cristo con alguien, ora porque vengan esas oportunidades. Pero, luego prepárate para servir—¡porque Dios te ocupará!

ROMPIENDO EL HIELO: Comparte con el grupo lo que para tí son las razones más contundentes para ser cristiana.

PREGUNTAS PARA FOMENTAR EL DIÁLOGO

(Puesto que la lista de preguntas para este estudio es más larga, es importante escoger solamente las que tengan más interés para tu grupo).

1. ¿Cuál crees que sea la verdadera razón por la cual no les hablamos de Cristo a los que mejor conocemos?
2. Analiza varias situaciones en las cuales deberíamos haber hablado por Cristo o por la justicia pero no dijimos nada.
3. A veces sentimos la necesidad de hablar a alguien de la fe y no encontramos a la persona indicada. Haz una lista de personas que tienen buenas posiblidades de aceptar un estudio sobre la biblia y la fe cristiana.
4. Piensa en algunas introducciones que puedas emplear para abrir un diálogo con una amiga.
5. Haz una lista de por lo menos tres cosas que podemos hacer cuando otro cristiano trae un visitante al culto.
6. *En Hechos 2:47* leemos que la iglesia tuvo "favor con todo el pueblo". ¿Por qué piensas que fue así?
7. A. ¿Cómo puede el principio de "retroalimentación" complicar la eficacia del culto tradicional?

   B. ¿Podemos usar el culto público para cumplir nuestra responsabilidad evangelística? ¿Sí o no? Explíquese.
8. A. Cada miembro del grupo debe escribir una breve descripción de las siguientes palabras: *cristiana, propiciación, iglesia, santo, rapto.* Después de comparar las definiciones, ¿qué pueden aprender de este ejercicio de cómo estudiar con otra persona?

B. Haz una lista de algunas *"frases religiosas"* que usamos que no tendrán sentido para personas de poco entendimiento bíblico. ¿Cómo podemos renovar nuestro vocabulario?

9. ¿Qué debes hacer cuando surge una pregunta religiosa que no puedes contestar? ¿Puedes pensar en algunas ventajas de una situación así?

10. A. ¿Qué piensas de por qué la gente se pone a la defensiva cuando hablan de sus creencias?

    B. Permíteles a dos miembros del grupo simular ser una profesora y una alumna. "La profesora" debe tratar de convencer a "la alumna" que su creencia en el beneficio nutritivo de la leche es un error. Observa los problemas que se encuentren y trata de entender lo que sucede cuando intentas cambiar las creencias religiosas que alguien ha tenido y en la que ha confiado por toda la vida.

11. ¿Cuáles son algunas respuestas a la pregunta: ¿"Piensa usted que estoy condenado"?

12. Discuta el consejo: "Concéntrese en las semejanzas en vez de las diferencias". ¿Cuáles son algunos conceptos que tenemos en común con la mayoría de la gente religiosa?

13. Deje que una persona del grupo haga un estudio de los materiales disponibles que tiene la congregación para el evangelismo.

14. ¿Ha resultado algo de la sugerencia de empezar grupos de estudio en los barrios? Si no, discuta si la idea tiene mérito o no. En caso afirmativo, ¿qué estudios se podrán tener en tal situación?

15. Permita a una persona que ha guiado a otra a Cristo describir el gozo que siente. Si ninguna del grupo ha tenido este gozo, deténganse todas para orar en grupo pidiendo que Dios les dé oportunidades y la sabiduría para aprovecharla.

1. Si no estás haciéndolo, empieza un programa diario para estudiar el Nuevo Testamento por completo.
2. Decide aumentar tu biblioteca religiosa. Si no tienes obras básicas como una buena concordancia y libros de comentarios, empieza a ahorrar el dinero para comprarlos.
3. Escoje a una amiga a quien desees ver convertida a Cristo, y ora por ella diariamente.
4. Haste el propósito hoy de llamar a una nueva familia de la iglesia para invitarla durante la semana a venir a tu casa para conocerla mejor.
5. ¿Cuál es la verdadera razón por la que nunca le has hablado a tu vecina acerca de Cristo? Una vez que identifiques la razón, decide qué es lo que puedes hacer para eliminar esta excusa.

Capítulo 10

¿QUÉ LE COMUNICAS A UN EXTRAÑO?

¡NO HABLES CON EXTRAÑOS!

Desde la infancia hemos escuchado esta advertencia, y nosotros se la repetimos a nuestros propios hijos. Y aunque leemos *"no olvidéis la hospitalidad, porque por ella algunos, sin saberlo, hospedaron ángeles"* (Hebreos 13:2), nuestras mejores intenciones se desvanecen. Después de todo, será **prudente** ser hospitalario con toda persona extraña que encontremos?

Esta es la misma pregunta que hizo a Jesús el abogado en *Lucas 10:29.* Cuando Jesús le dijo que debía amar al prójimo, el hombre trató de justificarse con otra pregunta: *"¿Y quién es mi prójimo?"* Así que Jesús le contó la famosa parábola del Buen Samaritano. El abogado entendió que nuestro prójimo es **cualquiera**—conocido o extraño—que nos necesite.

LAS CIRCUNSTANCIAS CAMBIAN

Es verdad que en los tiempos bíblicos había más necesidad de ser hospitalarios porque no había muchos mesones ni existían tantos restaurantes de comida rápida como los que hay ahora. Pero ya que ese mandamiento no ha sido abrogado, también es vigente para nosotras hoy en día.

El cristianismo creció rápidamente durante los primeros años porque era una religión totalmente distinta a todas las demás religiones conocidas en el mundo. Mientras las religiones de idolatría tenían su fundamento en el miedo y el aplacar a sus dioses coléricos, el fundamento de la fe cristiana es el amor—el amor de Dios por la humanidad y el amor recíproco del uno para con el otro (I Juan 4:7).

Como fue mencionado ya en el capítulo 6, un historiador judío del primer siglo escribió: "Estos cristianos se aman antes de conocerse". Este amor debe continuar como una característica que distingue al cristiano moderno—no solamente un amor para los que lo correspondan (Mateo 5:46), sino también para el necesitado—incluyendo al extraño.

PREFIERO NO INVOLUCRARME

No hay forma alguna para justificar el hecho que algún cristiano no se haya involucrado al haber visto a la joven que fue apuñalada 49 veces en la ciudad de Nueva York.

Pero si nosotras esperamos la oportunidad de hacer algo heroico, quizá nunca hagamos nada. La persona realmente grande es aquella que tomará el tiempo de atender a las pequeñas necesidades. Es por los actos pequeños de bondad que se mide el cristianismo de alguien.

> *"Y cualquiera que os diere un vaso de agua en mi nombre, porque sois de Cristo, de cierto os digo que no perderá su recompensa"* (Marcos 9:41).

DE LO MAS PEQUEÑO

¿Cómo tratas a la persona que llega a la puerta de tu casa a la hora de la comida? ¿Muestras amor en tu voz al contestar una llamada equivocada? ¿Cuál es tu reacción con las personas de los Testigos de Jehová que tocan a tu puerta? Es fácil amar al prójimo en el día domingo. Pero la verdadera prueba es cómo amamos al inoportuno; ¿cómo atendemos a los inconvenientes? ¿cómo tratamos al desconocido? (Lucas 6:32).

> *"Porque tuve hambre, y no me disteis de comer; tuve sed, y no me disteis de beber; fui forastero, y no me recogisteis; estuve desnudo, y no me cubristeis; enfermo, y en la cárcel, y no me visitasteis. Entonces también ellos le respondieron diciendo: Señor, ¿cuándo te vimos hambriento, sediento, forastero, desnudo, enfermo o en la cárcel, y no te servimos? Entonces les responderá diciendo: De cierto os digo que en cuanto no lo hicisteis a uno de estos más pequeños, tampoco a mí lo hicisteis"* (Mateo 25:42-45).

Cuando nos comparamos con esta lista nos sentimos satisfechos con haber dado algún alimento o alguna ropa al necesitado. Y, pensamos que si hubiera o conociéramos a alguien que está en la cárcel lo visitaríamos. Tal vez por ello Jesús menciona al forastero, al desconocido.

CUANDO HAGAIS UNA COMIDA

> *"Dijo también al que le había convidado: Cuando hagas comida o cena, no llames a tus amigos, ni a tus hermanos, ni a tus parientes, ni a vecinos ricos; no sea que ellos a su vez te vuelvan a convidar, y seas recompensado. Mas cuando hagas banquete, llama a los pobres, los mancos, los cojos, y los ciegos; y serás bienaventurado; porque ellos no te pueden recompensar, pero te será recompensado en la resurrección de los justos"* (Lucas 14:12-14).

Cristo nos conoce muy bien. Tenemos la tendencia de preferir a nuestros amigos o a quienes nos alaban en alguna forma. Pero ésta es la gran diferencia entre la mujer cristiana y la mujer del mundo. No debemos tratar a alguien por lo que ella puede hacer por nosotras, sino por lo que Dios **ya ha hecho** por nosotras. Pablo lo entregó **todo** para vivir para Cristo y todavía se sentía deudor *"a los griegos y a los no griegos"* (Romanos 1:14). El cristianismo no es una religión de "¿qué debo hacer para ser salvo?", sino, "¿qué puedo hacer porque soy salvo?"

En el Antiguo Testamento, a los Israelitas se les ordenó amar y cuidar de los forasteros, porque ellos mismos habían sido forasteros en la tierra de Egipto (Levítico 19:34). Pero también nosotras éramos extrañas antes que Cristo enviara a sus siervos "por los caminos" para reunir a los gentiles a su fiesta (Mateo 22:1-10).

Ahora somos contados entre los hijos de Dios. Y si abandonamos a los desconocidos que siguen siendo "extraños", nos pondremos en la misma categoría ingrata que el siervo que fue perdonado una gran deuda que tenía, solamente para después rehusar perdonar a otro la pequeña deuda que tenía con él (Mateo 18:23-24).

> *"El que cierra su oído al clamor del pobre, también clamará,*
> *y no será oído"* (Proverbios 21:13).

EL AMIGO QUE AÚN NO CONOCEMOS

Un extraño es sencillamente un amigo que aún no conocemos. ¡Qué desprecio a la originalidad de Dios si evitamos a las personas que son diferentes de nosotras! Jamás creceremos si buscamos solamente a las que son como nosotras.

A veces vacilamos en ayudar al extraño porque pensamos que "no lo merece"; pero Jesús dijo:

> *"Al que te pida, dale; y al que quiera tomar de tí prestado, no*
> *se lo rehúses"* (Mateo 5:42).

Jesús no esperó hasta que nosotras fuéramos merecedoras de su ayuda antes de acudir a nuestro auxilio. Si un hombre nos **pide** ayuda—es porque la necesita—no importa que sea ropa, alimento o un refuerzo a su dignidad. Job dijo, que es fácil criticar la situación del prójimo, pero debemos tratar de entenderlo más antes de "hilvanar contra vosotros, y sobre vosotros mover mi cabeza" (Job 16:4).

Hace algunos años los vagabundos tenían una forma de marcar una casa donde recibían ayuda para que otros supieran quienes les ayudarían y quienes no. ¿Sabes que señal recibiría **tu** casa? ¿Qué señal te daría **Dios**? Aunque la mujer virtuosa de *Proverbios 31* se levantó antes del amanecer y trabajó hasta muy entrada la noche para proveer para los suyos, ella ''extendió su mano a los pobres'' (Proverbios 31:20).

NO ME IGNORE

George Bernard Shaw escribió, ''La esencia de lo inhumano no es el **odio** hacia el prójimo, sino la indiferencia''. Cuando venga a la puerta una persona más solicitando ayuda, no esté yo en condiciones de hacerlo tampoco debo ser indiferente ni brusca. Si una persona cristiana no puede ser amable, ¿quién puede serlo?

> Tal vez no me necesiten;
>   tal vez sí.
> Sólo me asomaré
>   lo suficiente.
> Una breve sonrisa
>   Como la mía, tan solo sea
> lo que necesiten.

(Emily Dickinson)

Cuando permites a la señora con solo una pieza de pan adelantarse en la fila delante de tí en el supermercado, empiezas toda una cadena de amabilidad. Debido a que tú la trataste bien, ella le permitirá a otra señora hacer lo mismo en otra ocasión. Y a su vez, ella se sentirá mejor, estará de mejor humor y tendra más paciencia con sus hijos. Ellos en turno estarán más contentos y menos contensiosos cuando llegue el papá. Y tal vez papá sea el señor plomero que al día siguiente repare el desperfecto en la cocina. Un solo ''vaso de agua'' para el extraño tal vez sea el principio de algo hermoso, sin darnos cuenta.

''A Jehová presta el que da al pobre, y el bien que ha hecho,
se lo volverá a pagar'' (Proverbios 19:17).

Al estudiar acerca del cristianismo, un señor chino comentó: "Leí acerca de un hombre llamado Jesucristo, que *'andubo haciendo el bien'*, y me pregunto por qué me contento yo simplemente 'con andar' ". Como mujeres nos agobiamos con tantos quehaceres y tareas que nos damos por satisfechas con lo que logramos hacer. En la Biblia, los ejemplos sobresalientes de la hospitalidad fueron mujeres.

Febe es recordada hasta hoy porque había "ayudado a muchos" (Romanos 16:1-2). Acerca de la sunamita en *II Reyes 4* se lee que era "una mujer importante", pero su fama se debió a que alimentó y le dió posada al forastero Eliseo cuando él pasó por su casa. La mujer piadosa de *I Timoteo 5:10* es una que "ha practicado la hospitalidad".

A QUIEN MUCHO LE ES DADO

Si tienes un cambio más de ropa, una mesa, una silla, una cobija vieja y algo que comer diariamente, tienes mucho más de lo que poseen miles de millones de personas en este mundo.

Cristo nos advierte:

"Porque a todo aquel a quien se haya dado mucho, mucho se le demandará" (Lucas 12:48b).

Como mujeres, tenemos una oportunidad maravillosa de hacer el bien por medio de nuestros hogares. Si los utilizamos únicamente para el solaz y bienestar de nuestras familias, hacemos lo mismo que el rico de *Lucas 12:15-21*, quien construía graneros más grandes para guardar todo lo que tenía para sí. Aunque el mandato es para todos, las mujeres tenemos mayor oportunidad de dar de comer al hambriento, vestir al desnudo y cuidar a los enfermos.

Tal vez sea una artimaña de Satán, pero nos es fácil pensar ser amable con el extraño—y luego no hacer realmente nada, y seguir sintiéndonos tan bien como si lo hubiéramos hecho. Dios rechaza esta apariencia de rectitud falsa recordándonos que creer en algo es bueno pero insuficiente porque *"aun los demonios creen y tiemblan"* (Santiago 2:19).

*''Y si un hermano o una hermana están desnudos, y tienen necesidad del
mantenimiento de cada día, y alguno de vosotros les dice: Id en paz, calentaos
y saciaos, pero no les dais las cosas que son necesarias para el cuerpo, ¿de qué
aprovecha? Así también la fe, si no tiene obras, es muerta en sí misma''* (Santiago
2:15-17).

CONSCIENTE DE CRISTO, CONSCIENTE DE TI MISMA

El poeta Emerson escribió: "El único verdadero regalo que puedes dar
es una porción de ti mismo". Esto requiere tiempo y molestia, cambio
de planes y muchas veces de dinero también, pero debemos
involucrarnos. Puesto que nuestros días son tan llenos y afanados,
sentimos a menudo la necesidad de edificar un muro alrededor de
nosotras para evitar la sensación de ser tragadas. Pero Jesús dijo: "El
que quiera hallar su vida, la perderá" (Mateo 10:39). Considera la verdad
de este breve poema:

> Busqué a mi alma, pero no la pude hallar.
> Busqué a mi Dios, pero Dios me eludió.
> Busqué a mi hermano, y fue así que encontré a los tres.

La mujer cristiana debe trabajar conscientemente para derribar las
defensas que la separan a ella de las necesidades de los demás. Debemos
de luchar contra la indiferencia y orar para tener simpatía con los
problemas de los que nos rodean.

Miriam Teichner ha escrito una bella oración que todas debemos
conocer para bien de nuestras vidas:

> Dios, hazme saber.
> No me dejes tropezar a ciegas por la senda,
> Apenas viviendo cada día, para mí
> Jamás estrechando la mano del prójimo
> Ni preguntándome por qué fue dispuesto así;
> Con la mirada al suelo, esquivando la luz,
> El alma nunca adolorida por un vuelo sin destino,
> Te ruego, guárdame gozosa para hacer por Tí mi parte.

¡Dios, hazme saber!
Hiere mi alma con el dolor ajeno,
Déjame ver, la injuria y el horror;
Guía mis manos al encuentro de otras.
Dame un corazón que entienda.
Dame valor, para que aunque lastimada luche.
Cúbreme del conocimiento,
Inúndame de luz,
Guárdame gozosa para hacer mi parte.
Dios, hazme saber.

VIENDO POR TU PROPIO BIEN

Nos es fácil pensar en los demás en un ambiente que enfatiza la grandeza y la importancia de ver solamente por uno mismo. Sin embargo, tomemos la decisión que por el hecho de saber que Dios es nuestro Padre trataremos de ser hermanas con sus criaturas sean estas—amigo o forastero. Derribemos la barrera de frialdad que nos separa de las personas diariamente, y tratemos de reemplazarla con una solicitud genuina, la una por la otra, permitiendo así que el amor de Dios brille por medio de nosotras.

"Pero el que tiene bienes de este mundo y ve a su hermano tener necesidad, y cierra contra él su corazón, ¿cómo mora el amor de Dios en él? Hijitos míos, no amemos de palabra ni de lengua, sino de hecho y en verdad. Y en esto conocemos que somos de la verdad, y aseguraremos nuestros corazones delante de él" (I Juan 3:17-19).

ROMPIENDO EL HIELO: En turno, cuente cada quien el incidente más extraño de algún desconocido que se le haya acercado para pedir ayuda.

PREGUNTAS PARA FORMENTAR EL DIÁLOGO

1. ¿Cuáles son algunas aplicaciones que se pueden hacer hoy día de la parábola del Buen Samaritano?
2. A. Si *Mateo 25:35-36* fuera un examen de tus obras de justicia, ¿cuántos puntos sacarías?

B. ¿Podemos disculparnos de no hacerlas si no conocemos a nadie en estas condiciones (desnudo o encarcelado)? ¿O debemos tomar la iniciativa para buscarle?

3. Si Jesús viviera hoy, y nos impartiera esta misma lección de *Mateo 25:35-36*, ¿qué otros ejemplos incluiría?

4. Explica cómo es que somos salvas por la gracia y no por las obras (Efesios 2:8-9); pero, ¿seremos juzgadas también de acuerdo con lo que hemos hecho (*II Corintios 5:10*)?

5. ¿Nos obligan las palabras de Jesús de *Mateo 5:42* a ayudar a cada limosnero que pasemos en la calle?

6. ¿Es necesario averiguar las condiciones de cada extraño antes de ayudarlo?

7. ¿Tiene *II Tesalonicenses 3:10* algo que ver con el tema?

8. Corremos algún peligro cuando somos hospitalarios con el extraño? ¿Nos disculpa de esta responsabilidad? Explícate.

9. Averigua la responsabilidad de los Israelitas hacia el forastero en textos como Levítico 19.

10. Da tu opinión sobre por qué se añadió la frase *"repartir mis bienes"* en I Corintios 13:3. ¿Es fácil hacerlo?

11. ¿Por qué es tan difícil mostrar ese amor a vendedores ambulantes? ¿Cómo podemos superar esta actitud?

12. Si alguna de tu grupo ha tenido trabajo como vendedora o en algún servicio doméstico, pídele que describa cómo se sintió cuando alguien fue rudo con ella.

13. ¿Es difícil a veces hacer lo bueno "en el nombre de Cristo" como dice *Marcos 9:41*? ¿Cuáles son algunas formas de poder hacerlo?

14. ¿Como podemos practicar la hospitalidad descrita en *I Timoteo 5:10*?

15. Analiza el significado de *Santiago 2:1-3* acerca de nuestras reacciones hacia la persona bien vestida o mal vestida.

LLEGANDO AL FONDO

1. La próxima ocasión que te encuentres en público, sonríe a cada extraño o extraña que te mire fijamente. Nota sus reacciones.

2. Haz el esfuerzo de invitar a alguien que no sea de tu grupo de amistades, a la casa durante el mes entrante.

3. Busca la forma de ser amable con las personas desconocidas
   esta semana. ¿Notas alguna diferencia en tí al hacerlo, cuando
   sólo pensabas en ti y en tus problemas?

Capítulo 11

¿QUÉ COMUNICAS A TRAVÉS DE TU TRABAJO?

"El trabajar o no" fuera del hogar ha sido ya largo tiempo un serio dilema para la mujer cristiana. Obviamente es aceptable que la mujer **soltera** trabaje, pero no lo es cuando lo considera la mujer que es esposa y madre.

Puesto que la Biblia no nos provee con respuesta para aclarar esta pregunta, tendremos que contestarla con algunos principios que la Biblia nos ofrece como guía para el comportamiento femenino.

Si una mujer decide que debe trabajar, deberá evitar que su trabajo interfiera con las siguientes prioridades:

1. El reino de Dios es siempre primero. *Mateo 6:33*
2. Tenemos la obligación de evangelizar. *I Pedro 3:15*
3. Debemos ayudar a los necesitados. *I Juan 3:17*
4. Debemos practicar la hospitalidad. *Romanos 12:13*
5. Debemos respetar al marido. *Efesios 5:33*
6. Debemos educar moralmente a los hijos. *Proverbios 22:6*
7. Debemos glorificar a Dios con cada hecho. *I Corintios 10:31*

Deberá analizar honestamente y con mucha oración su situación personal para asegurarse de servir justamente a Dios, a su familia y a su patrón justamente. La mujer virtuosa de Proverbios 31 fue capaz de trabajar en bienes raíces (versículo 16), manejar una viña (verso 16) confeccionar y vender telas y ropa a los mercados (versículo 24); y, con todo eso, el escritor pudo decir de ella:

> *"Abre su boca con sabiduría, y la ley de clemencia está en su lengua. Considera los caminos de su casa, y no come el pan de balde. Se levantan los hijos y la llaman bienaventurada; y su marido también la alaba"* (Proverbios 31:26-28).

Lidia también fue una mujer de empresa que dió tiempo para atender a las cosas importantes de la vida (Hechos 16:14).

¡QUE CANSANCIO!

Hay mujeres que pueden hacer un mejor trabajo que muchas de nosotras en cuanto a atender su hogar, servir en su profesión—y aún mantener así la tranquilidad. Pero debemos estar seguras de que nosotras somos esa clase de persona—si es que vamos a trabajar fuera de la casa. Y aún si no lo hiciéramos, todas tenemos mucho que hacer, así que esta lección se debe aplicar a todas.

Si una mujer está contenta con su trabajo o no, depende más de la **mujer** que del **trabajo.** Podemos considerar el trabajo como una carga; o ver en él la satisfacción del servicio y cumplimiento y estar agradecidas por la oportunidad de poder trabajar.

¿Has estado seriamente enferma en alguna ocasión, anhelando con todo tu corazón poder, como de costumbre, lavar la losa o limpiar el baño?

¡Si sólo pudiésemos embotellar ese deseo y tomar una dosis cada mañana!

> "Gracias Señor por la losa sucia.
> Pues son testimonio evidente de que
> Mientras otros tienen hambre,
> Nosotros comemos muy bien.
>
> Teniendo mi hogar, salud y felicidad,
> No debiera quejarme;
> Porque, los platos amontonados cuentan Que,
> ¡Has sido muy bueno con nosotros!"

TODO DEPENDE DE LA FORMA DE MIRARLO

Otra forma de gozar del trabajo que de otra manera nos pareciera aburrido es recordar que lo hacemos para con Dios.

> *"Y todo lo que hagáis, hacedlo de corazón, como para el Señor y no para los hombres"* (Colosenses 3:23).

La mayor parte de nuestro trabajo se califica por el hecho de ser buena esposa, o buena madre o buena empleada. Y puesto que estas tareas son ordenadas por Dios, en cierto sentido estamos sirviéndole a Él cuando lo hacemos bien. No son las tareas difíciles lo que es monótono, sino el trabajo superficial. Y si las hacemos para la gloria de Dios y para su servicio, las elevamos de lo superficial y aburrido a algo digno.

SI NO PUEDES VENCERLO, ABRÁZALO

El trabajo es una de las cosas inevitables de la vida; y como todos los demás factores necesarios, es sabio aprender a apreciarlo (Filipenses 4:11-13). "Una persona que se ha convencido que no le gusta su trabajo sufre de una repetición monótona de sensaciones poco placenteras mientras trabaja, y marcha rápido hacia alguna enfermedad seria producida por el estrés y las emociones", declara el Dr. John Schindler en su libro *Cómo Vivir Los 365 Días Del Año*. En su profesión, ha descubierto que sus pacientes más sanos y felices han sido mujeres con nueve o diez hijos que también atendían las tareas de manejar una granja.

Las personas ocupadas no tienen tiempo de sentarse y preocuparse por sus problemas. Alguien ha dicho: "Bienaventurada la mujer que está demasiado ocupada para preocuparse en el día, y demasiado cansada para hacerlo en la noche".

La versión de Dios lo dice así:

"Dulce es el sueño del trabajador" (Eclesiastés 5:12).

¿PERO, TENEMOS QUE TRABAJAR...EN EL PARAISO?

Dios sabía que un hombre sin nada que hacer no podría ser feliz. Como parte de un paraíso perfecto, entregado al hombre en el principio, Dios le dió a Adán la tarea de labrar y cuidar el Edén (Génesis 3:22). El rico y sabio rey Salomón—después de toda una vida de buscar el secreto de la felicidad comentó:

"Así, pues, he visto que no hay cosa mejor para el hombre que alegrarse en su trabajo. (Eclesiastés 3:22).

"La mayoría de la gente es tan feliz como se decide a serlo", comentó Abraham Lincoln. Tal vez una de las características más claras de la madurez es la de forzarse uno a hacerlo que sabe que debe hacer cuando lo debe hacer—¡gústele o nó! La autodisciplina es mucho más importante para el éxito personal que el talento o el genio. Dios nos ha dicho esto por medio de Salomón en *Eclesiastés 9:10a:*

"Todo lo que viniere a tu mano para hacer, hazlo según tus fuerzas".

EL PRIMER PASO ES EL MÁS DIFÍCIL

Si tienes una tarea que hacer y estás segura que te va disgustar, inténtala por cinco minutos. ¡Decide que la harás solamente cinco y no más! Es verdad que el principio de un trabajo es la parte más difícil. El fastidio con que emprendemos un trabajo es peor que el trabajo mismo. Empezado el trabajo, lo podremos continuar y terminar—aunque sea una tarea diaria aburrida, o ir con la vecina para hablarle de Dios.

ADIVINANZAS

Es muy importante que analizemos con cierta frecuencia lo que estamos comunicando por medio de nuestro trabajo. Nuestro trabajo comunica más de lo que probablemente nos damos cuenta. Les dice a los demás si somos cumplidas o no, poco confiables, aplicadas o perezosas, de buen genio o mal genio. Puede revelar también si estamos contentas o somos infelices con nuestro modo de vivir. Así que la mujer cristiana que quiere compartir a otros su fe debe asegurarse que su gozo cristiano se note en su trabajo (Mateo 5:16).

Si trabajamos fuera de la casa, debemos ser cuidadosas de no comunicar sentimientos negativos. Con nuestra actitud—cuando estamos cansadas—tal vez le comuniquemos a nuestro esposo el siguiente mensaje: "Yo no tendría que trabajar tanto si tú ganaras más dinero". ¿O somos culpables de darles a entender a nuestros hijos esto: "Me volvería loca si tuviera que quedarme en casa con ustedes todo el día?" Si nuestros hijos se quejan más de lo debido por tener que ayudar en la casa, debemos considerar que es lo que comunicamos al cumplir con la tareas diarias.

"LO QUE USTED MANDE, SEÑOR"

Consideremos la relación que existe entre una mujer y su patrón. Si trabaja en casa, su esposo es su "jefe" y se espera que tenga buenas relaciones con él. Pero, ¿qué hay del tirano de corazón duro y poco agradecido en el trabajo? Es sorprendente que un libro tan espiritual como la Biblia pueda ser tan práctico. Considera estos versículos que hablan acerca de la relación de la mujer con el patrón.

> ''Criados, estad sujetos con todo respeto a vuestros amos; no solamente a los buenos y afables, sino también a los difíciles de soportar'' (I Pedro 2:18).

Es obvio que, estas son referencias para la relación entre los esclavos
y sus amos en los tiempos de Pablo, pero el principio es el mismo hoy
en día. (¡Muchos empleados dirán que también la relación es muy
parecida!) Otras características mencionadas para nuestra edificación son
la pereza (Romanos 12:11), la honestidad (Jermías 22:13) y la negligencia
(Proverbios 18:9). De hecho, si todas las mujeres cristianas cumplieran
con los principios de Cristo, estarían de mucha demanda y nunca
necesitarían otra recomendación sino la de ser cristianas. Una mujer
cristiana debe ser la mejor empleada—simplemente porque es cristiana.

NO PUEDES SERVIR A DOS SEÑORES

Dios nos indica una sóla excepción de cuándo no debemos obedecer
al patrón, y esta es cuando sus órdenes están en conflicto con la voluntad
de Dios.

En *Hechos 5:29* Pedro declaró firmemente estas palabras ante el con-
cilio:

"Es necesario obedecer a Dios antes que a los hombres".

Debemos examinar seriamente nuestra lealtad a Dios si el patrón nos
pide que usemos prácticas deshonestas, o que hagamos algo moralmente
dudoso, o que trabajemos los domingos. La mujer cristiana debe asegurarse de que en cada aspecto de su vida ella sea capaz de poner primero
la voluntad de Dios.

El trabajar en el mundo, no es fácil ni para los hombres ni para las mujeres. Debemos asegurarnos de que actuamos tan cristianamente en el trabajo como en la reunión del domingo.

CUANDO TÚ ERES EL PATRÓN

Dios también nos ha impuesto ciertas obligaciones si nosotras somos el patrón. Debemos pagar al obrero un *sueldo* justo (Santiago 5:4). No oprimir al trabajador (Deuteronomio 24:14). En *Filemón 1:16*, el apóstol Pablo amonestó al rico Filemón que tratara al esclavo fugitivo, Onésimo, *"no como un siervo, sino más como un hermano amado"*. Ciertamente no hay mejores oportunidades que ésta para aplicar la regla de oro que nos exhorta:

> *"Todas las cosas que queráis que los hombres hagan con vosotros, así también haced vosotros con ellos"* (Mateo 7:12).

MOMENTOS DIARIOS DE CONVIVIO

Tal vez aun más importante que lo que comunico al patrón es lo que les comunicamos a los compañeros del trabajo. Tal vez tu seas el único contacto con el cristianismo que ellos y ellas tendrán; es por ello que ¡debes hacerlo valer!

> *"Manteniendo buena vuestra manera de vivir entre los gentiles; para que en lo que murmuran de vosotros como de malhechores, glorifiquen a Dios en el día de la visitación, al considerar vuestras buenas obras"* (I Pedro 2:12).

Es muy fuerte la tentación de disimular nuestro cristianismo cuando estamos en el mundo, pero Cristo nos amonestó:

> *"Vosotros sois la sal de la tierra; pero si la sal se desvaneciere, ¿con qué será salada? No sirve más para nada, sino para ser echada fuera y hollada por los hombres"* (Mateo 5:13).

EL TESTIMONIO PÚBLICO

Si tus colegas de empleo saben que eres cristiana—y lo deben saber—estarán observando tus acciones con mucho cuidado. Pablo nos anima a ser *"irreprensibles y sencillos, hijos de Dios sin mancha en medio de una generación maligna y perversa, en medio de la cual resplandecéis como luminares en el mundo"* (Filipenses 2:15). Pablo instó a Timoteo a ser *"ejemplo de los creyentes en palabra, conducta, amor, espíritu, fe y esperanza"* (I Timoteo 4:12).

El mismo principio que se aplica al esposo incrédulo también se aplica a los compañeros incrédulos:

> *"Así mismo vosotras, mujeres, estad sujetas a vuestros maridos;*
> *para que también los que no creen a la palabra, sean ganados*
> *sin palabra por la conducta de sus esposas"* (I Pedro 3:1).

A veces somos fuertes y cuidadosas ante las tentaciones grandes, pero sucumbimos a las pequeñas, como los celos de algún compañero, o la lengua descuidada. Si un desconocido nos comparara con nuestras compañeras, ¿sacaría esta misma conclusión?

> *"Verdaderamente también tú eres de ellos, porque aun tu manera*
> *de hablar te descubre"* (Mateo 26:73).

LA SELECCIÓN

La mujer que trabaja fuera de su casa lucha constantemente con mantener equilibrio en sus prioridades. No solamente tiene que cuidar que Dios, su esposo, sus hijos y su patrón, dentro de su horario reciban la atención debida, sino que también tiene que encontrar tiempo para sí misma. Aun Cristo tenía la necesidad de estar a solas con Dios y pensar en sus propósitos (Lucas 6:12). Hay buena razón detrás de cada mandamiento de Dios. Cuando creó al mundo tomó la decisión de guardar un día de la semana para el descanso (Génesis 2:2-3; Éxodo 20:9-10; 34:21). Una mujer que trabaja toda la semana y atiende los deberes de su casa como una loca, el fin de semana pronto dejará de servir a nadie.

MANTENIENDO EL EQUILIBRIO

Debemos asegurarnos que al esforzarnos por adquirir las cosas que el dinero compra no nos perdamos de lo que el dinero no compra—el gozo, la felicidad y la tranquilidad. Hay un viejo refrán que dice: "Cuanto más gano, tanto más gasto". Mucho antes de que existiera este refrán, Dios había inspirado este pensamiento:

> *"El que ama el dinero, no se saciará de dinero; y el que ama el mucho tener, no sacará fruto. También esto es vanidad. Cuando aumentan los bienes, también aumentan los que los consumen. ¿Qué bien, pues, tendrá su dueño, sino verlos con sus ojos? Dulce es el sueño del trabajador, coma mucho, coma poco; pero al rico no le deja dormir la abundancia"* (Eclesiastés 5:10-12).

Al meditar en esto, nos damos cuenta de que la vida *"no consiste en la abundancia de los bienes que uno posee"* (Lucas 12:15), sin embargo en un mundo donde la abundancia tiene tanto valor, se requiere mucho coraje para poner en acción esta creencia. Dios nos *recuerda* que *"lo que los hombres tienen por sublime, delante de Dios es abominación"* (Lucas 16:15b).

Algún día cualquiera de nosotras tendremos la necesidad de trabajar para el sostén de la familia. Por tanto no debemos criticar a otras cuando tienen que tomar esta decisión. Ya sea que trabajemos en casa o fuera, lo importante es que Dios sea primero en nuestras vidas. Sabemos como ser perezosas en el trabajo diario (Proverbios 24:30-34), pero *Mateo 25:26-30* nos amonesta contra la pereza, de no usar los talentos que Dios nos ha dado para glorificarle a Él y hacer su obra.

NO SEAS COMO LA AVESTRUZ

Puesto que en la sociedad en que vivimos la mujer, por lo general, vive más años que el hombre, sea que tengamos empleo o no, debemos adquirir alguna preparación de trabajo fuera de casa útil en el caso de necesitarla. Tampoco debemos comportarnos como la avestruz que esconde la cabeza, en cuanto a los negocios y el llevar las cuentas. *Gálatas 6:5* nos enseña que cada uno *"lleva su propia carga"*, y esto incluye una preparación adecuada en caso futuro de asumir la responsabilidad financiera en nuestra familia. Con la ayuda de Dios estaremos preparadas.

MAS VALE PREVENIR QUE LAMENTAR

El trabajo es un buen remedio para muchas enfermedades. En *II Tesalonicenses 3:11-12* se recomienda el trabajo para curarnos de ser entrometidas. *Efesios 4:28* lo requiere como un remedio contra el crimen. Y *I Tesalonicenses 4:11-12* lo ofrece como una forma de evitar sufrir necesidad.

¿Acaso has notado que te sientes mejor después de un día lleno de ocupaciones, que tras un día aburrido? Claro está que te sientes más cansada—¡pero estás más contenta! Aunque todas pensamos que anhelamos que llegue el día cuando no tengamos nada que hacer, podemos ver en muchos de nuestros conocidos ancianos que la inactividad cuesta caro.

La felicidad no consiste en tener mucho tiempo libre, ni en la fama ni en las riquezas, sino en poder lograr algo que vale la pena. Debemos dar gracias a Dios al despertarnos cada mañana que tenemos un trabajo que hacer. No importa lo que sea ese trabajo. Si hemos aprendido a hacer que lo ordinario se vuelva extraordinario,tendremos mucho gozo. El premio por nuestras labores no es lo que recibimos de ellas sino lo que logramos por medio de ellas.

> *"Noy hay cosa mejor para el hombre sino que coma y beba, y*
> *que su alma se alegre en su trabajo. También he visto que esto*
> *es de la mano de Dios"* (Eclesiastés 2:24).

ROMPIENDO EL HIELO: Si has tenido algún empleo, cuenta como fue. Y si nunca has tenido uno, describe que es lo que te gustaría hacer.

PREGUNTAS PARA FOMENTAR EL DIÁLOGO

1. Calcula aproximadamente que porcentaje de tu día inviertes en trabajar. ¿Es suficiente para permitirte estar contenta con ello?
2. ¿Qué actitudes nos ayudarán a mantener una actitud positiva mientras hacemos un trabajo que se considera aburrido?
3. A. ¿Piensas que una persona que tiene poco de que ocuparse puede vivir realmente contenta?

B. ¿Cómo puedes relacionar tu respuesta a la pregunta anterior con la rutina y tareas diarias de una anciana?

4. Has notado alguna relación entre el estado de ánimo de una mujer y lo ocupada que se mantiene?

5. ¿Cómo podemos ayudar a nuestros hijos a aprender a apreciar el valor del trabajo?

6. Selecciona a una mujer que no haya trabajado durante su vida matrimonial para que opine sobre las ventajas de tener un empleo. Y escoje a otra que ha trabajado, para que ella presente las ventajas de quedarse en casa. (A veces se puede opinar mejor desde el punto de vista opuesto al que se vive).

7. A. Si tu madre trabajó fuera de casa cuando eras pequeña, discute cómo te sentías.

   B. ¿Has visto algunas reacciones positivas en los hijos de amigas o vecinas que trabajan?

8. Haz una lista de requisitos y guías para la mujer que esté pensando en trabajar fuera del hogar.

9. ¿Cómo puede ser probada nuestra fe cristiana en el lugar de trabajo?

10. ¿Qué podemos hacer para vencer los sentimientos de ira que surgen cuando somos tratadas injustamente por alguien en autoridad, como el patrón o tal vez el esposo?

11. Menciona bajo que circunstancias sería un error para una mujer cristiana estar empleada fuera de su casa.

12. A. ¿Cómo se sentirían las que no trabajan fuera del hogar, si alguien agregara ocho horas más de trabajo a su día? (¡Esta es la condición para las esposas empleadas!).

    B. Puesto que el ama de casa tiene más tiempo a su disposición, ¿se aumenta más su responsabilidad de "redimir el tiempo" como nos dice *Colosenses 4:5*?

13. ¿Cómo te sientes con el título de "ama de casa"?

14. Si una mujer prefiere no trabajar fuera de su hogar, ¿qué actitud debe mostrar hacia las que sí trabajan fuera de su casa?

15. ¿Crees que una mujer puede plenamente realizarse sin una carrera?

1. Para desarrollar y cultivar disciplina propia asígnate cada día un trabajo que te guste pero que sea necesario hacer.
2. Haz un experimento mientras haces algo que te disgusta. Piensa en todas las razones por las que te disgusta. La próxima vez que te toque hacerla, canta algún himno favorito. Compara los resultados.
3. Trata de tener presente durante esta semana que tus hijos y familia probablemente adoptarán tu actitud hacia el trabajo (Filipenses 2:14). Se responsable por lo que comunicas a ellos por medio de tu trabajo.

Capítulo 12

¿QUÉ COMUNICAS MIENTRAS ENVEJECES?

Tarde o temprano, todos envejecemos—a menos de que muramos jóvenes. En vista de la alternativa, es preferible aprender a encarar lo inevitable y empezar desde ahora a hacer planes para disfrutar de una vejez agradable.

Aproximadamente el 20% de la población de los Estados Unidos es mayor a 65 años. Esta cantidad de gente es demasiado grande para ignorar o esconder. Dios nunca quiso que los ancianos perdieran su importancia entre Su pueblo. El Antiguo Testamento ofrece muchas amonestaciones sobre la necesidad de respetar y escuchar a los ancianos. El Nuevo Testamento también hace mención de los derechos y responsabilidades de los mayores de edad en la iglesia. En caso de que te consideres demasiado vieja, ¡cambia tu manera de pensar, porque Dios no tiene ningún plan de jubilación para tí!

LA FUENTE DE LA JUVENTUD

No hay forma de *hacerse* uno vieja. La única forma de hacerse vieja es dejar de estar activa. El secreto para mantenerse uno joven es hacer ejercicios—mental, física y espiritualmente. *Proverbios 32:7* nos dice que *"Cual es su pensamiento en su corazón, tal es él"*. Los médicos se están dando cuenta de la realidad de esto. En el Asia, donde los ancianos son una parte importante y respetada del pueblo, casi no se ve ningún caso de senilidad. Según el Dr. Paul Rhudick del *Centro Nacional de Edad*, "¡La habilidad mental no deteriora con el tiempo! Al contrario, con la edad, algunas facultades mentales se agudizan más". Las personas más ancianas que están bien adaptadas emocionalmente y gozan de buena salud han mostrado un incremento en pruebas de inteligencia.

> *"En los ancianos está la ciencia, Y en la larga edad la inteligencia"* (Job. 12:12).

¿ESTANCADO O MUERTO?

El secreto, según Solon, el anciano pero brillante estadista de Atenas, es "aprender algo nuevo todos los días". Cuando limitas tus actividades a las que has hecho antes, estás solamente reviviendo el pasado. Aunque no sea más que probar una receta nueva o dormir en el otro lado de la cama, rompe la rutina diaria. No hay mucha diferencia entre el estar estancado y estar muerto—¡la única es el estado mental!

ÚSALO O PIÉRDELO

En la parábola de los talentos que se menciona en *Mateo 25:14-30*, Jesús indicó que lo que no usamos lo perderemos. Solamente por el uso contínuo de nuestras habilidades mentales y físicas seremos capaces de mantenerlas en un nivel necesario para gozar de la vida ¡Este mismo principio se aplica a las habilidades espirituales!

La idea de que la persona más vieja no puede aprender nada nuevo es un mito. Empezó como una excusa de los que sentían que ya sabían todo lo que querían saber. Y lo han usado como una excusa los que tienen miedo de competir con los más jóvenes. Pero la realidad nos muestra lo contrario.

PERROS VIEJOS Y TRUCOS NUEVOS (LOROS VIEJOS Y CANCIONES NUEVAS)

Entre los años 70 y 83 de su vida, el millonario Cornelio Vanderbilt añadió aproximadamente 100 millones de dólares a su fortuna. El famoso pintor Tintoretto pintó su obra *"Paraíso"*—que mide más de 24 metros de ancho—a la edad de 74 años. Verdi también tenía 74 años cuando compuso *"Otelo"*, 80 cuando compuso *"Falstaff"* y 85 cuando terminó el bello *"Ave María"*.

Oliver Wendell Holmes escribió *"Sobre Pocillos de Té"* cuando tenía 79 años y Goethe tenía 80 cuando terminó *"Fausto"*. Tennyson escribió *"Cruzando la Barrera"* a la edad de 83. Tiziano tenía 98 cuando pintó su *"Batalla de Lepanto"*. Sócrates, Platón, Victor Hugo y Noah Webster todos lograron sus mejores trabajos cuando tenían mucha edad.

ARRUGAS Y CANAS

Investigaciones médicas han probado también que a pesar de las arrugas, las canas y el movimiento lento, el proceso de envejecimiento no trae enfermedades especiales que no han estado en el cuerpo durante años. Aun el daño cerebral, causado por la arterioesclerosis, y que puede producir senilidad, es más escaso de lo que se suponía; y los estudios muestran que este problema se puede evitar mucho basado en la buena alimentación y el ejercicio. Al ir envejeciendo una persona no exige tanto de su cuerpo para las actividades físicas; y, es inevitable que pierda lo que no usa. La inactividad es la causa, no el resultado, de la rigidez, los dolores, la acumulación de grasas, la falta de resistencia y la fatiga.

Si mantiene bien su estado físico, una persona no solamente tiene mejores defensas contra enfermedades que no resistiría, una persona débil, sino que también tiene más capacidad de vivir sin depender de los demás. Aunque hayas dejado pasar muchos años y muchas intenciones buenas, no es demasiado tarde para empezar un régimen de dieta y ejercicio para mejorar tu condición física. Es tan malo arruinar tu cuerpo por el descuido como el dañarlo por el uso del alcohol o las drogas (I Corintios 3:16-17).

MEJOR QUE VITAMINAS

A un médico se le preguntó una vez si valía la pena vivir. Su respuesta fue: "Depende de la persona que vive". Pablo escribió en su vejez, *"He aprendido a contentarme, cualquiera que sea mi situación"* (Filipenses 4:11); y ésta es la única fórmula para disfrutar de la vida.

Cuando te sientas cansada, sonríe. Solamente se requieren cuatro músculos para sonreír, ¡mientras que para fruncir las cejas se necesitan 14! El buen humor es el mejor remedio para prevenir el mal genio en el anciano

> *"El corazón alegre constituye buen remedio; Más el espíritu triste seca los huesos"* (Proverbios 17:22).

Una persona no amanece un dia de mal genio. Las mujeres viejas rencorosas empezaron siendo mujeres jóvenes rencorosas. Salmo 34:12-13 nos advierte que si *"deseas días para ver el bien"* debes *"guardar tu lengua del mal y tus labios de hablar engaño"*.

La intolerancia y lástima a uno mismo pueden impedir particularmente a la anciana; mientras que la alegría—aunque fingida al principio—tiene una manera peculiar de convertirse en verdadera alegría. Tal vez las que son relativamente jóvenes puedan aprovechar esta lección y escribir una lista de todos los atributos que desean tener—y no tener. Luego, guardarlo para leer después de muchos años. Una mujer lo hizo, y luego produjo esta oración:

> *"Señor, Tú sabes que ahora soy más vieja.*
> *Guárdame de la necesidad de hablar demasiado, y de pensar*
> *que debo expresar mi opinión en cada tema.*
> *Líbrame de preocupación por arreglar las vidas de los demás.*

Libra mi mente de todos los detalles. Dame alas para llegar al grano y después callarme.

Sella mis labios cuando sienta la necesidad de hablar de mis dolores. Aumentan cada año, y mis deseos de hablar de ellos crecen más cada día.

Hazme comprensiva pero no entrometida—colaboradora pero no mandona. Con mi vasto rango de sabiduría y experiencia, parece una lástima no usarlo; pero Tú sabes que quiero tener amigos hasta el fin.

LECHE O CARNE

Aunque luchamos para prevenir el envejecimiento físico y mental, la madurez espiritual debe ser nuestro **mayor** deseo. De hecho, un alto nivel espiritual debe ser la compensación más satisfactoria del anciano.

> *"Porque debiendo ser ya maestros, después de tanto tiempo, tenéis necesidad de que se os vuelva a enseñar cuáles son los primeros rudimentos de las palabras de Dios; y habéis llegado a ser tales que tenéis necesidad de leche, y no de alimento sólido. Y todo aquel que participa de la leche es inexperto en la palabra de justicia, pero el alimento sólido es para los que han alcanzado madurez, para los que por el uso tienen los sentidos ejercitados en el discernimiento del bien y del mal"* (Hebreos 5:12-14).

David oró porque cuando estuviera "en la vejez y encanecido" Dios no le desamparara hasta que pudiera mostrar *"tu poder a la posteridad, y tu potencia a todos los que han de venir"* (Salmo 71:18). En *Tito* 2:4, se les instruye a las ancianas *"que enseñen a las jóvenes"*. ¡Qué lástima realmente si, con todos nuestros años, no hemos crecido lo suficiente para enseñarles a otros! Pero si ésta es tu experiencia, no hay motivo para gastar más tiempo con "si sólo hubiera". Con las horas extras y la sabiduría de tu madurez, tú puedes empezar desde ahora a recuperar el tiempo perdido. Con Cristo, mientras vivimos, nunca es demasiado tarde.

*"Y hasta la vejez yo mismo, y hasta las canas os soportaré yo;
yo hice, yo llevaré, yo soportaré, y aguardaré"* (Isaías 46:4).

NO ERES MÁS VIEJA, SINO MEJOR

En verdad, hay muchas cosas que una cristiana de edad madura puede hacer mejor. No obstante el excesivo entusiasmo de la joven, esta no puede reemplazar el tiempo extra, la sabiduría de experiencia y el discernimiento de prioridades que tiene en sus recursos una mujer madura.

Voy a describir unas pocas especialidades que he visto en las mujeres.

Dos semanas antes de nacer nuestro segundo hijo, contraje varicela. Al tercer día—cuando estaba sintiéndome un poco mejor pero la casa se veía mucho peor—vino una señora de edad. Me regresó a la cama diciendo que tenía trabajo que hacer. Y mientras yo tomé una siesta, ella limpió nuestra casa, atendió al niño mayor y dejó un plato delicioso en el horno para la comida. Los talentos sencillos de esta mujer servicial me aliviaron más que los remedios del médico.

TODOS AMAN A UNA ABUELA

Conozco a otra anciana que ayuda en una clase de Biblia para niños de tres años. La joven maestra afirma que no podría atender a su clase sin ella, porque es como una abuela. ¡Y todos aman a una abuela!

Esto sugiere otro servicio que puede hacer la mujer madura. En nuestro país, una de cada cinco familias se traslada cada año. Esto manifiesta que hay muchos nietos sin abuelas y muchas hijas sin mamá. Y toda familia estaría feliz de ser "adoptada" por una "abuela". Si no te sientes capaz de adoptar a toda la familia, piensa en adoptar a una estudiante de universidad o a una de las cristianas solteras de tu congregación. Dios nos dió a los ancianos porque los necesitamos. Pero muchas de nosotras tenemos que vivir diariamente sin ellos.

"CONOCIDA POR SUS BUENAS OBRAS"

Si tus talentos son más específicos, tal vez puedas confeccionar títeres o cortinas bonitas para las aulas. O tal vez puedas arreglar flores para el auditorio o sembrar algunas plantas alrededor del edificio de la iglesia.

Cocinar es otro talento muy apropiado para servir a los demás. La mujeres maduras pueden hacer los mejores pasteles del mundo, y nada apetece mejor a los nuevos vecinos o las personas enfermas del barrio. O por hacerlo sin ninguna razón en especial, sino solamente porque amas a alguien.

Si eres una persona organizada, tal vez puedas empezar una biblioteca para los niños, animando a los demás a donar libros. Luego, antes y después del culto, ayuda a los niños a escoger un libro, anotando los préstamos. O quizás quieras encargarte de mantener en un cuarto los materiales para las maestras de Biblia. Cualquiera puede hojear una revista buscando paisajes bonitos para cortarlos y montarlos en una cartulina o papel de color. Las mujeres mayores podrán con eficacia organizar y mantener una despensa para los necesitados.

"EN COMPORTAMIENTO DE SANTIDAD"

Tu presencia en los cultos es una gran inspiración para las mujeres más jóvenes. Nada me ha conmovido tanto como aquella ocasión que me senté al lado de un anciano y le escuché cantar en una voz débil, pero con su rostro radiante: "Estoy bien con mi Dios".

Quizás te duela la espalda y padezcas de artritis pero el testimonio que puedes darles a los demás al estar presente en el culto lo justifica todo. Una anciana fiel y piadosa inspira más que cientos de sermones, y tu ejemplo será como el de Ana:

> *"Y era viuda hacía ochenta y cuatro años; y no se apartaba del templo, sirviendo de noche y de día con ayunos y oraciones"*
> (Lucas 2:37).

LA VEJEZ FRUCTIFICA

Aunque estés postrada en cama, puedes estudiar mucho; y estar dispuesta a escuchar a alguien que te necesite. Puedes escribir algunas noticas de ánimo y felicitar a los que han hecho un buen trabajo. Mucho de lo bueno en el mundo jamás se habría hecho si no fuera por alguna persona desconocida que animó a alguien por sus esfuerzos. Tú también puedes ejercer para bien invirtiendo tu tiempo en la oración, para la cual los jóvenes frecuentemente no tienen tiempo. Cualesquiera que sean tus talentos, siempre habrá una forma de usarlos para el Señor.

> *"El justo florecerá como la palmera; crecerá como cedro en el Líbano. Plantado en la casa de Jehová, En los atrios de nuestro Dios florecerán. Aun en la vejez fructificarán; estarán vigorosos y verdes, para anunciar que Jehová mi fortaleza es recto, y que en él no hay injusticia"* (Salmo 92:12-15).

ES MEJOR PREVENIR

Debemos planear y prepararnos para la vejez tanto como soñábamos y nos preparábamos para los días de nuestra juventud. *Proverbios 16:31* nos dice: *"Corona de honra es la vejez que se halla en el camino de justicia"*. La sabia anciana ha aprendido una de las lecciones más importantes de la vida: que la felicidad no es fruto de lo que *Tenemos* sino de lo que somos. Ella ha aprendido el secreto de la paz genuina y la seguridad.

> *"No os hagáis tesoros en la tierra, donde la polilla y el orín corrompen, y donde ladrones minan y hurtan; sino haceos tesoros en el cielo, donde ni la polilla ni el orín corrompen, y donde ladrones no minan ni hurtan. Porque donde esté vuestro tesoro, allí estará vuestro corazón"* (Mateo 6:19-21).

Para la mujer cristiana, "lo que hay es lo mejor". Nos damos cuenta de lo pasajero que es la vida (Santiago 4:13-17), pero no nos asusta. Para la cristiana, la muerte es la vía que nos lleva del mundo al cielo; y es Dios el que nos conduce.

> *"Pero sabemos que si nuestra morada terrestre, este tabernáculo, se deshiciere, tenemos de Dios un edificio, una casa no hecha de manos, eterna, en los cielos...pero confiamos, y más quisiéramos estar ausentes del cuerpo, y presentes al Señor"* (II Corintios 5:1-8).

MEJOR ES AGOTARSE QUE OXIDARSE

Warren Wierske, un evangelista de Chicago, comparó a los viejos y a los jóvenes en el cuerpo de Cristo con las manecillas de un reloj. Los más jóvenes son como la manecilla del minuto, marchando rápidamente. Y los más maduros son la manecilla de la hora, andando más despacio.

Como dijo un hombre sabio: "¡No estoy jubilado, sino recauchutado!" Tengamos presente toda la vida el pensamiento de Pablo:

> *"Olvidando ciertamente lo que queda atrás y extendiéndome a lo que está adelante"* (Filipenses 3:13b).

ROMPIENDO EL HIELO: Describe a la persona madura más simpática y agradable que conozcas.

PREGUNTAS PARA FOMENTAR EL DIÁLOGO

1. ¿Aceptas el concepto de que la vejez no puede igualarse automáticamente con la falta de habilidad? Si tu respuesta es que sí, ¿qué implicaciones tiene para tu propia vejez?
2. ¿Qué cualidad admiras más en los ancianos?
3. ¿Cuáles características de los ancianos te desagradan más?
4. Piensa en algunas actividades que creas que puedan ser divertidas para la persona madura.
5. ¿Por qué son tan satisfactorios los pasatiempos basados en servir a otros?
6. Averigua si hay un club de "Los Años Dorados" en tu comunidad. infórmate qué oportunidades presenta.
7. Lee y conversa acerca de la descripción poética de la edad madura que se encuentra en Eclesiastés 12:1-7.
8. A. ¿Qué podemos hacer para mantener nuestros cuerpos en buen estado?

   B. ¿Es deber de la mujer cristiana tratar de mantener una buena condición física? Usa alguna escritura que respalde a tu respuesta.
9. ¿Tiene una persona la responsabilidad de prepararse económicamente para la vejez? Si la respuesta es sí, ¿cómo puede lograrlo una mujer?

1. Escríbete una carta a ti misma describiendo cómo esperas ser cuando seas una anciana.
2. Aprovecha las bendiciones de la madurez espiritual haciendo el esfuerzo de conocer por lo menos a una persona anciana de la congregación.
3. Forma la costumbre de hacer algo nuevo cada día.
4. Para tu programa de hacer algo nuevo. Consigue algunos libros sobre los años de madurez que leer.
5. Inicia un programa de: buena alimentación, de estar activa físicamente y ejercitar la mente, no olvidando ejercitar y alimentar también al alma.

Capítulo 13

¿QUÉ LE COMUNICAS TU A DIOS?

No podemos terminar esta serie de estudios sin tocar el tema de la comunicación más importante de todas—nuestra comunicación con Dios. Pero es difícil saber dónde empezar, porque la comunicación con Dios no tiene límites.

¡Dios es my afecto a la comunicación no-verbal! Nuestras palabras son muy importantes (Mateo 12:37), pero no más importantes que nuestras acciones, actitudes y los pensamientos más profundos (Salmo 19:14; 34:11). En el día del juicio, muchos dirán "¡Señor, Señor!", pero Dios tendrá que decirles: "Nunca os conocí", porque su sumisión a Él fue solamente de boca (Mateo 7:21-23).

Dios no está restringido por las apariencias complejas que elaboramos para enfrentar a los demás. Él es el único con quien podemos experimentar una comunicación **total** (Juan 17:21-23). Con Él no hay limitación para expresar lo que sentimos ni de ser malentendidas, porque Dios nos conoce mejor que nosotras mismas (Isaías 29:15-16). Esto seguramente puede ser una fuente de gran consuelo o de gran **temor,** según nuestra manera presente de vivir (Eclesiastés 12:14).

UNA VIDA DE INTEGRIDAD

Para disfrutar esta comunicación con Dios, la mujer cristiana debe vivir con integridad. Claro, que la integridad es ideal en nuestra comunicación con otros, pero es **esencial** para la comunicación con Dios (Job 2:3; Salmo 7:8).

En las matemáticas, un integral es un número completo—no está en fracciones. Igualmente, una mujer con integridad no está dividida en sí—pensando una cosa y diciendo otra, o creyendo una cosa y haciendo otra (Salmo 55:21).

La integridad empieza con las pequeñeces, como el no tratar de conseguir una "libra y pico" por el precio de una libra; o no decir "mentiras piadosas" cuando la verdad es penosa. Del rey Amasías se dice: "Hizo lo recto ante los ojos de Jehová, aunque no de perfecto corazón" (II Crónicas 25:2).

Aun Salomón perdió su integridad en sus últimos años, porque está escrito que "no siguió cumplidamente a Jehová" (II Reyes 11:6). Solamente cuando estamos completamente listas para abrir nuestras vidas **enteras** a Dios podemos disfrutar de la comunicación con Él.

Mi Dios y yo andamos siempre juntos,
Y como amigos con un gran amor.
Me habla Él y alegres conversamos,
Mi Dios y yo en eterna comunión,
Me habla Él y alegres conversamos
Mi Dios y yo en eterna comunión.

¿Cuántas veces haz sentido la intimidad y gozo de tal cercanía con Dios? Y algo más importante, ¿cómo podemos **incrementar** la profundidad y la frecuencia de estos sentimientos? Hay al menos cuatro cosas que podemos hacer para acercarnos más a Dios.

¡Aunque estas son sencillas, los resultados serán formidables!

ACERCAMIENTO POR ESTUDIO BÍBLICO

El primer paso para sentirte más cerca de Dios es por medio del estudio genuino de la Biblia. Tal vez cuando éramos pequeñas—antes de aprender a leer—alguien nos regaló una pequeña Biblia. Mientras crecíamos siempre teníamos varias Biblias en casa. Y tal vez por esta razón nos sea tan fácil perder nuestra admiración reverente para la magnitud y poder de ella. (*Nota de la traductora:* Esta no ha sido la experiencia en muchas familias latinas. Tal vez había una sola Biblia elegante con hojas de oro y con láminas bellísimas que a nadie se le permitía abrir. La enseñanza siempre era: "Si quieres conocer la voluntad de Dios, recurre al sacerdote". Pero el resultado es igual—la autoridad final no ha sido la Biblia y éso resta importancia a la palabra de Dios).

El hecho de ser dueña de una linda Biblia con todas las ayudas extras, o tenerla al lado de la cama, no nos acercará ni un centímetro a Dios. Tampoco el estudio superficial para la clase dominical lo hará. Ni una búsqueda rápida para encontrar un versículo para probar algo nos podrá acercar a Dios. Aunque el asistir a los estudios nos sirve para provocarnos a meditar, solamente un estudio personal y profundo de nuestras necesidades nos dará "el alimento" que necesitamos para crecer espiritualmente y para conocer mejor a Dios (Hebreos 5:13-14).

Cuando hablamos de prioridades, siempre convenimos en que Dios es primero. Esta es la verdad. Y una aplicación práctica de esta verdad es que debemos poner el estudio bíblico a la cabeza de nuestra lista de quehaceres. Esto quiere decir que aunque vengan visitantes y haya que limpiar y cocinar, dedicaremos tiempo para estudiar.

Si la persona a quien más amas te enviara una carta desde lejos, sería inconcebible no abrirla de una sola vez y leerla ansiosamente—¡y, probablemente lo harías varias veces! La Biblia es una carta de amor de Dios (II Pedro 1:20-21; I Juan 3:1). Debemos leer con igual o mayor entusiasmo lo que Él nos ha escrito.

Jesús era Dios expresándose en un lenguaje que el hombre podía entender (Hebreos 1:1-3). Por medio de un estudio de la vida de Jesús, podemos conocer a Dios (Juan 14:9); y cuanto más le conocemos, más cerca de Él podemos sentirnos.

En otras palabras, la Biblia nos dice que para acercarnos a Dios, debemos creer en Él (Hebreos 11:6); y también nos dice cómo aumentar nuestra fe:

> *"Hizo además Jesús muchas otras señales en presencia de sus discípulos, las cuales no están escritas en este libro. Pero éstas se han escrito para que creáis que Jesús es el Cristo, el Hijo de Dios, y para que creyendo, tengáis vida en su nombre"* (Juan 20:30-31).

Romanos 10:17 dice sencillamente que la fe es el resultado de haber oído la palabra de Dios. Entonces, volvemos al hecho de que el estudio bíblico es un paso ineludible para tí si en verdad quieres acercarte a Dios.

MAS CERCA POR MEDIO DE LA MEDITACIÓN

Una segunda forma de sentirte más cerca de Dios es por medio de la meditación. El estudio bíblico nos acerca a Dios, pero solamente si es acompañado por la meditación. Una definición sencilla de la meditación es reflejar profunda y continuamente, y planear e intentar lo que hemos leído.

> *"Cualquiera que fuera rebelde a tu mandamiento, y no obedeciere a tus palabras en todas las cosas que le mandes, que muera, solamente que te esfuerces y seas valiente"* (Josué 1:18).

Por causa de las novedades recientes de gurúes y otras disciplinas humanas, como la meditación trascendental, la palabra "meditar" casi tiene mala fama; pero definitivamente es una enseñanza bíblica. En el *Salmo 46:10* leemos este consejo:

"Estad quietos, y conoced que yo soy Dios."

A veces la mejor forma de comunicarnos con Dios es guardar silencio. Estudiamos en la lección anterior que aunque Jesús tuvo grandes metas que lograr y muy poco tiempo—sólo tres breves años para lograrlas—a menudo tomó el tiempo de estar solo para meditar y orar (Mateo 14:23; Marcos 1:35; Lucas 6:12).

A veces nos estorban en nuestra relación íntima con Dios las mismas bendiciones por las cuales luchamos. Nos pueden mantener tan ocupadas que no tenemos tiempo de meditar sobre lo espiritual (Colosenses 3:1-2). El peligro de la preocupación no es exclusiva de nuestra generación, porque hace miles de años, el profeta Isaías dijo:

''Porque así dijo Jehová el Señor, el Santo de Israel: En descanso y en reposo seréis salvos; en quietud y en confianza será vuestra fortaleza. Y no quisisteis'' (Isaías 30:15).

A veces necesitamos salir y alejarnos de lo que el hombre ha creado, y tener alrededor de nosotras la creación de Dios para purgarnos de las preocupaciones y los problemas diarios y para restablecer nuestra relación con Dios. "La belleza es la escritura de Dios", dijo Charles Kingley. Quizás ésta es la razón por la cual David, un joven pastor que pasó su juventud rodeado de verdes colinas al lado de corrientes cristalinas, pudo escribir unos Salmos tan conmovedores en cuanto a Dios. Tan bella sería su comunicación con el Señor que Dios dijo de él: "He hallado a David...varón conforme a mi corazón..." (Hechos 13:22).

''Por la palabra de Jehová fueron hechos los cielos, Y todo el ejército de ellos por el aliento de su boca'' (Salmo 33:6).

Tal vez ésta sea la razón por la cual nos sentimos más cerca de Dios cuando estamos en el bosque o las montañas: porque todo lo que vemos es el resultado directo de Su palabra. El dicho, "toma tiempo para oler las flores", también es pertinente para la mujer que quiere acercarse a Dios.

Satanás sabe que si nos puede mantener ocupadas, no nos hará **falta** la comunicación con Dios. Buscamos frenéticamente el reino de Dios en tantas formas que nos distraen. Pero *Lucas 17:20-21* nos recuerda que el reino de Dios se encuentra dentro de nosotros. Para la salud mental tanto como la espiritual, **debemos** encontrar el tiempo de meditar a menudo sobre el papel de Dios en nuestras vidas.

MAS CERCA POR MEDIO DE LA ORACIÓN

El resultado natural de la meditación es la oración, que es la forma tercera de acercarnos más a Dios. Dios podía haber entregado Sus mandamientos para que le obedeciésemos, pero Él sabía que la comunicación eficaz tiene que tener dos direcciones (Proverbios 15:8). Así que nos dió una forma para poder responder a Él—por medio de la oración.

La oración es el ejemplo total de todo lo que hemos estudiado sobre la comunicación. Es una unión con Dios (Juan 15:7). Si sentimos que nuestras oraciones no son escuchadas, primeramente tenemos que averiguar si hay pecado en nuestras vidas; porque el pecado es la única barrera entre Dios y el hombre (Romanos 8:38-39).

> *"He aquí que no se ha acortado la mano de Jehová para salvar,*
> *ni se ha agravado su oído para oír; pero vuestras iniquidades*
> *han hecho división entre vosotros y vuestro Dios, y vuestros*
> *pecados han hecho ocultar de vosotros su rostro para no oír"'*
> (Isaías 59:1-2).

No solamente los problemas entre Dios y nosotras obstaculizan nuestras oraciones, sino también los problemas con nuestro prójimo. Dios nos ha advertido que si tenemos algún problema con alguien, tenemos que arreglarlo antes de poder orar con eficacia (Mateo 5:23-24). Esto no se debe solamente a que Dios **no puede tener** comunión con nosotras cuando estamos en pecado (I Juan 1:5), sino que también a que la naturaleza humana no nos permite creer en la misericordia de Dios cuando nosotras mismas actuamos sin misericordia (Mateo 5:7). Los desacuerdos con nuestros esposos estorbarán nuestra habilidad de orar (I Pedro 3:7). Así que podemos ver que la comunicación con Dios no está limitada a lo que decimos.

Puesto que la mujer por naturaleza es más dependiente y más facilmente comparte sus sentimientos, quizás la experiencia profunda de comunión por la oración nos venga con más naturalidad a nosotras. También le es más fácil a una mujer aceptar el poderoso potencial de la oración. Los hombres están acostumbrados a la responsabilidad y a la necesidad de iniciar y controlar sus asuntos, pero una mujer admitirá sus necesidades y dependerá de Dios y de su ayuda. Recuerda que fue de una mujer cananea que Jesús dijo:

> *"Oh mujer, grande es tu fe; hágase contigo como quieres"*
> (Mateo 15:28).

Cuando nos preocupamos, nos acercamos peligrosamente a la práctica del ateísmo, porque tenemos la promesa que nos dice:

> *"Por nada estéis afanosos, sino sean conocidas vuestras peticiones*
> *delante de Dios con toda oración, y ruego, con acción de gracias"*
> (Filipenses 4:6).

Si te encuentras preocupada, ora: "¡El Dios quien cuida al pajarillo ciertamente me cuidará a mí!" (Mateo 10:29-31).

¡Seguir preocupada es como subir tu menaje doméstico a un camión para luego tratar de llevar a cuestas el camión a su destino!

Por querer evitar la creencia en "milagros" hoy en día, a veces anulamos todo el poder de la oración. La habilidad del hombre de hacer milagros no se necesita para afirmar la autoridad divina (Juan 5:36; Hechos 8:6). Puesto que ya tenemos la Biblia, que es la revelación completa de la voluntad de Dios (II Timoteo 3:16-17), al hombre ya no le es dado el poder divino de hacer milagros (I Corintios 12:30-31; 13:8-10). Pero la capacidad de Dios quien lo hizo posible, sigue sin disminuir.

Si oramos con el prejuicio de que ya no esperamos "milagros" y que Dios no infringirá ninguna de sus leyes naturales, estamos en peligro de anular la eficacia de nuestra oración.

> *"Por tanto, os digo que todo lo que pidiereis orando, creed que*
> *lo recibiréis, y os vendrá"* (Marcos 11:24).

*"pero pida con fe, no dudando nada; porque el que duda es
semejante a la onda del mar, que es arrastrada por el viento y
echada de una parte a otra. No piense, pues, quien tal haga,
que recibirá cosa alguna del Señor"*   (Santiago 1:6-7).

¿Para qué orar si no creemos que Dios intervendrá en cualquier forma
que Él quiera? Cuando te ocurran momentos de dudas, lee la promesa
de Dios a Daniel, y verás cómo Daniel obtuvo confianza aun ante la
muerte.

*"Entonces me dijo: Daniel, no temas; porque desde el primer
día que dispusiste tu corazón a entender y a humillarte en la
presencia de tu Dios, fueron oídas tus palabras; y a causa de
tus palabras yo he venido"*
(Daniel 10:12).

Cada una de nosotras quiere tener la seguridad de que Dios en verdad
nos escucha y contesta (Salmo 22:11). Nuestra única barrera es la duda
que nos impone satanás en la mente. Dios ha hecho todo lo posible por
infundirnos la confianza necesaria; esto lo sabemos porque la Biblia lo
menciona una y otra vez en versículos como los siguientes:

*"En aquel día no me preguntaréis nada. De cierto, de cierto os
digo, que todo cuanto pidiereis al Padre en mi nombre, os lo dará.
Hasta ahora nada habéis pedido en mi nombre, pedid, y recibiréis,
para que vuestro gozo sea cumplido"* (Juan 16:23-24).

"Y todo lo que pidiereis en oración, creyendo, lo recibiréis"
(Mateo 21:22).

*"Y esta confianza es la confianza que tenemos en él, que si pedimos
alguna cosa conforme a su voluntad, él nos oye. Y si sabemos
que él nos oye en cualquier cosa que pidamos, sabemos que
tenemos las peticiones que le hayamos hecho"* (I Juan 5:14-13).

Cuando oramos, podemos tener la plena confianza de que la oración
será contestada, sea por lo que hayamos pedido o por lo que **debiéramos**

haber pedido. Muchas veces, nuestras oraciones no son más que una lista de cosas que deseamos que el Señor nos conceda. ¿Qué supones que haría Dios con nosotras si oraramos: "Cualquier cosa que pueda hacer por Ti hoy, Señor, dímelo y lo hare"? Cuando llegamos al punto de pedirle a Dios que haga algo con nosotras en vez de por nosotras, nuestras vidas comenzarán en realidad. ¡Dios puede sembrar flores en nuestras vidas que nunca hemos imaginado pedirle a Él!

> Pidió fortaleza para lograr grandes cosas;
>   Mas le fue dada enfermedad, para hacer las cosas mejor.
> Pidió riquezas para ser feliz;
>   Le fue dada pobreza, para ser sabio.
> Pidió poder para ser elogiado de los hombres;
>   Le fue dada debilidad, para sentir necesidad de Dios.
> Pidió todas las cosas para gozar de la vida;
>   Le fue dada la vida, para gozar las cosas.
> Nada recibió de lo que pidió;
>   O de todo lo que esperó.
> Su oración fue contestada;
>   Y gratamente muy bendecido.
>
> (Autor desconocido)

MAS CERCA POR MEDIO DEL CULTO BÍBLICO

Aunque no hay nada que pueda substituir la belleza íntima de la oración privada, Dios nos creó seres sociales (Génesis 2:18). Así que anhelamos compartir con el prójimo la comunicación más grande que hay, y Dios nos ha provisto de la forma para adorarle en público (Hebreos 10:25). El ambiente de fortaleza que viene de orar con otros, el gozo de cantar juntos, la profundidad de compartir la comunión de la Cena del Señor, el privilegio de compartir nuestros bienes por medio de la ofrenda y el discernimiento sacado del estudio con otros—¡todo nos provee de una cuarta forma de incrementar nuestra comunión con Dios! (Hechos 2:41, 46-47).

La adoración es el acto más noble de que es capaz el hombre. Extiende su ser finito hacia las posibilidades infinitas de Dios.

Para que sea realmente una forma eficaz de acercarnos a Dios, la adoración pública demanda una gran disciplina mental de nuestra parte. Si excluimos los actos propios de nuestro culto y dejamos de incluir la devoción, el fervor espiritual etcétera, ¿qué progreso hemos logrado?

En *I Corintios 10:16*, la Cena del Señor se describe en una forma muy bella: como un verdadero acto de comunión con Cristo. Pero, ¡qué fácil nos es pasar superficialmente este tiempo, sin apreciar su profundidad, rodeadas de distracciones diarias (incluyendo tal vez a nuestros hijos inquietos).

Sabemos muy bien que la Biblia es la comunicación directa de Dios, pero ¿cuántas veces permitimos que nuestras mentes divaguen durante el sermón y menospreciamos esta oportunidad de estar en comunión con Dios? En *II Corintios 8:1-5*, otra parte de nuestra adoración pública, la ofrenda, está descrita como "participación" o "comunión con los santos y con Dios".

Pero ¿cuántas veces pensamos en ello cuando colocamos nuestra ofrenda en el recipiente?

La oración es el medio de comunicación más obvio de nuestro culto; y cuando estamos luchando con problemas personales, derivamos mucho consuelo y renovación del orar con otros cristianos. "Otra vez os digo, que si dos de vosotros se pusieren de acuerdo en la tierra acerca de cualquier cosa que pidieran, les será hecho por mi Padre que está en los cielos" (Mateo 18:19). Esta promesa fue dada a los apóstoles, y se repite en Santiago donde los cristianos fueron instados a "orar unos por otros, para que seáis sanados" (Santiago 5:16).

Tal vez porque nos involucramos activamente todos, el canto es una forma fácil para sentir la comunión con Dios en el culto (Efesios 5:19). Tampoco es estrictamente una tendencia humana porque también cantaron los ángeles de gozo en ocasión del nacimiento de Cristo, (Lucas 2:13-14). Cuando Cristo se reunió con sus apóstoles por última vez antes de su crucifixión, ellos "cantaron un himno" (Mateo 26:30). De hecho, si no te gusta cantar, tal vez no te guste el cielo, porque allá se canta también (Apocalipsis 15:3).

"SACRIFICIO VIVO"

La adoración (o el culto) no es como las luces del edificio de reunión que se pueden prender o apagar con facilidad y a voluntad. La clave para un culto satisfactorio es vivir nuestras vidas como un acto contínuo de adoración.

"Así que, hermanos, os ruego por las misericordias de Dios, que presentéis vuestros cuerpos en sacrificio vivo, santo, agradable a Dios, que es vuestro culto racional" (Romanos 12:1).

Cuando vivió, Amós el profeta, Dios les dijo a los Israelitas que aborrecía y odiaba su culto de ofrendas, cantos y días de fiesta debido a sus múltiples transgresiones (Amós 5:21-23). El culto puro no puede salir de un corazón impuro (Santiago 3:11).

En la noche de su muerte, Cristo mismo oró porque fuésemos uno con Él como Él era uno con Su Padre (Juan 17:20-21). Una comunión íntima y satisfactoria con Dios es el resultado lógico de aquella unidad. Quizás la conclusión más bella de una vida en contínua comunión con Dios sería la experiencia de Enoc, de quien leemos:

"Caminó, pues, Enoc con Dios, y desapareció, porque lo llevó Dios" (Génesis 5:24).

ROMPIENDO EL HIELO: Menciona los sitios diferentes donde has vivido y las iglesias donde te has reunido para el culto.

PREGUNTAS PARA FOMENTAR EL DIÁLOGO

1. ¿En cuáles ocasiones has sentido la presencia de Dios en forma muy real y accesible?
2. ¿Qué aspecto del culto te agrada especialmente? ¿Por qué?
3. Usamos la expresión "ir a la iglesia". ¿Piensas que esta frase concuerda con el concepto del Nuevo Testamento acerca de la iglesia?
4. Por un minuto, ponte en el lugar de Dios; y trata de imaginarte qué clase de culto te gustaría, y cual no te gustaría.
5. Enumera algunas de las ventajas de adoración en grupo.
6. ¿Hasta qué punto es necesario el tiempo a solas para el crecimiento espiritual? Considera y analiza los méritos del ayuno.
7. Averigua un poco acerca de la meditación trascendental y sus ventajas y desventajas.
8. ¿Cómo visualizas en la mente a Dios mientras hablas con Él?

9. ¿Piensas que hay un límite a lo que Dios es capaz de hacer (o lo que hará) en respuesta a la oración?
10. ¿Cómo sabemos cuándo han sido escuchadas nuestras oraciones?
11. ¿Has encontrado algún método de disciplina que te ayude a concentrarte más profundamente durante los varios aspectos del culto, como por ejemplo, la Cena del Señor?
12. ¿Qué pueden hacer los padres para ayudar a sus hijos a apreciar o a despreciar el culto?
13. ¿Cuál tema o método has usado en tu estudio bíblico que encuentras especialmente provechoso?
14. En participación de grupo, compongan un Salmo de adoración o una petición a Dios. Después, léanlo juntas en voz alta.

LLEGANDO AL FONDO

1. Lee todo el libro de Salmos lentamente y con sentido.
2. Reserva por lo menos 20 minutos diarios para reflexionar acerca de tu relación con Dios.
3. Si nunca has leído toda la Biblia, planea hacerlo durante los siguientes 12 meses. Iníncialo decidiendo cuándo será conveniente y cuánto vas a leer cada día.
4. Haz el esfuerzo de dedicar más tiempo y concentración en la oración.
5. Consigue y lee el libro, *Dios, tengo que hablar con alguien* de Marjorie Holmes.

www.ingramcontent.com/pod-product-compliance
Lightning Source LLC
Chambersburg PA
CBHW031257060726
47590CB00003B/951